쁘띠프리베
프랑스 자수

쁘띠프리베 프랑스 자수

초판 1쇄 인쇄　2018년 11월 10일
초판 1쇄 펴냄　2018년 11월 15일

지은이　|　전정미
펴낸이　|　김동중

펴낸곳　|　즐거운家
출판등록　|　2015년 7월 23일 제25100-2015-20호
주소　|　서울 중랑구 동일로 569-55 신우 101-1307
전화　|　070-7542-3673
팩스　|　02-6005-9431
전자우편　|　merrydiy@naver.com

ⓒ전정미 2018
ISBN : 979-11-957114-7-5　13630

정가　16,000원

파본이나 잘못 인쇄된 책은 구매하신 서점에서 교환해드립니다.

이 책은 저작권법에 따라 보호받는 저작물이므로 무단전재와 복제를 금합니다.
이 책 내용의 일부 또는 전부를 이용하려면 반드시 저작권자와 즐거운家의 서면동의를
받아야 합니다.

이 도서의 국립중앙도서관 출판예정도서목록(CIP)은 서지정보유통지원시스템 홈페이지
(http://seoji.nl.go.kr)와 국가자료 공동목록시스템(http://www.nl.go.kr/kolisnet)에서
이용하실 수 있습니다. (CIP제어번호: CIP2018035160)

아름다운 특별한 만남 쁘띠프리베 프랑스 자수 소품

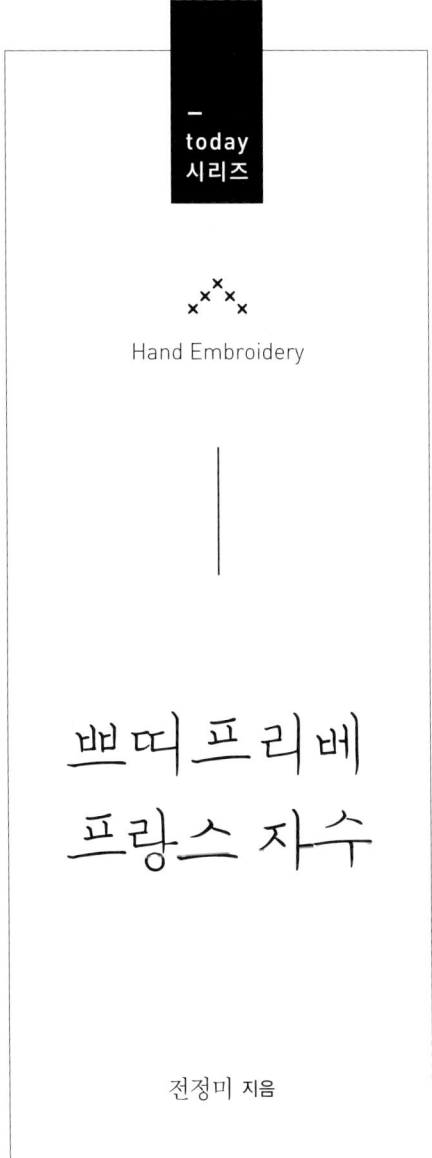

today 시리즈

Hand Embroidery

쁘띠프리베 프랑스 자수

전정미 지음

prologue

아름다운 첫 만남 가운데 특별한 만남 프랑스 자수!
봄날의 햇살같이 따뜻하게 찾아온 프랑스자수와의 만남

그 첫 만남이 오늘날 프랑스 자수 공방 '쁘띠프리베'라는 이름이 되었고,
'쁘띠프리베'는 날마다 함께하게 된 그 특별한 만남을 위한 공간이 되었습니다.
이 공간을 통해 프랑스 자수로 소통과 힐링의 시간을 가지게 되었고,
삶의 행복한 공간을 만들어가고 있습니다

일상에서 행복한 시간 대부분이 되어버린 프랑스 자수!
분주한 현실 속에서 나만의 시간과 공간으로 나를 새롭게 하고,
평안한 여유를 즐기고 싶은 것은 누구나가 추구하는 마음일 것입니다.
프랑스 자수로 인해 단조롭고 굳어 있던 일상에 평안함과 여유와 생각의 유연함이 생겨났습니다.

평범한 일상의 공간 속에서 늘 함께한 소품에 자수를 놓아 삶에 대한 사랑을 담아 두었습니다. 그중에서도 내면과 늘 소통한 소품 하나하나에 마음의 소리를 담아 자수 작품으로 만들었습니다.
그렇게 소품 자수로 만들어진 다양한 자수 작품을 책으로 엮어 소개하고자 합니다.

여러분도 책으로 소개하는 프랑스 자수를 통해 만남의 축복이 이루어지시기를 소망합니다.

pouch

apron

bag

contents

Part 1
프랑스 자수 재료와 도구

프랑스 자수 재료와 도구 × 27
책 속의 스티치 × 30

Part 2
쁘띠프리베 프랑스 자수 소품

장미 진주 바늘 핀 쿠션 × 40   장미 꽃다발 손수건 × 44   분꽃나무 손수건 × 46

쑥부쟁이 파우치 × 48

작은 나뭇잎 파우치 × 52

장미 한 송이 파우치 × 54

여행용 액세서리 파우치 × 58

여행용 빨랫감 파우치 × 62

꽃바구니 에코백 × 66

장미덩굴 티슈 케이스 × 70

가을 단풍잎 티슈 케이스 × 74

수레국화 티 매트 × 78

꽃바구니 티 매트 × 82

컷워크 티 매트 × 86

자란 등갓 × 90

러브 쿠션 × 94

하트 잎 쿠션 × 98

화이트 자수 쿠션 × 102

장미덩굴 작은 타월 × 104

토끼 실내화 × 106

버섯 미니 앞치마 × 110

딸기 앞치마 × 114

하트 장미 앞치마 × 118

노루귀 앞치마 × 122

장미 방석 × 126

연꽃 방석 × 130

생명나무 수틀액자 × 134

——— hand embroidery

장미덩굴 가방 × 138

나무, 풀, 꽃 가방 × 142

여름 마 가방 × 146

꽃다발 가방 × 148

봄꽃 가방 × 152

수레국화 러너 × 156

구절초 빅 쿠션 × 160

Part 1

프랑스 자수
재료와 도구

▼ 재료와 도구

✖️ 프랑스 자수 재료와 도구

프랑스 자수로 작품을 만들 때 꼭 필요한 재료와 도구를 소개합니다. 재료 준비를 잘못하여 원단이 수축하는 등 작품을 만들 때 실수할 수 있는 부분을 정리하였으며, 도구를 더욱 안정적으로 사용할 수 있는 방법도 설명하였습니다.

▽ 자수 원단

면, 마, 합성섬유 등 다양한 직물을 원단으로 사용할 수 있지만, 책 속의 작품은 주로 린넨(마) 원단을 사용하였습니다. 원단은 세탁 후 수축하는 현상이 일어날 수도 있으므로 작품을 만들기 전 미리 세탁 후 사용하시는 것이 좋습니다. 린넨(마) 세탁방법은 주로 드라이클리닝을 하지만, 세탁 작업을 마친 원단을 구매하여 바로 자수를 할 수 있습니다.

▽ 자수틀

주로 나무로 제작된 둥근 모양의 수틀을 많이 사용하며 작품 크기에 맞추어서 활용하면 됩니다. 작은 손수건에 자수할 때는 지름이 10cm인 작고 둥근 수틀을 사용하는 것이 적당합니다. 크기는 지름이 10~23cm 등 다양한 크기가 있어서 작품 크기에 알맞은 수틀을 선택하여 사용하시면 됩니다. 그 외에도 사각 수틀과 입식, 좌식, 목재, 플라스틱, 우레탄 등 소재와 용도에 맞는 다양한 수틀이 있습니다. 수틀은 목재로 된 소재가 많으며 지금도 나무 소재의 자수틀이 가장 보편적이며, 외형적으로도 친근감이 있어 많이 애용되고 있습니다. 자수틀에 원단을 끼워 넣고 조절 나사로 조임을 조절하여 사용합니다. 이때, 안쪽 자수틀에 2~3cm 폭의 면 원단을 감아서 사용하면 원단의 움직임이 적어 더 안정감 있게 자수를 할 수 있습니다.

🔻 자수 가위
자수 가위는 일반적인 가위와는 구분되게 끝이 좁고 뾰족하며 실이 잘 잘리도록 날이 예리합니다. 손에 잡아서 편안한 것으로 사용하면 됩니다.

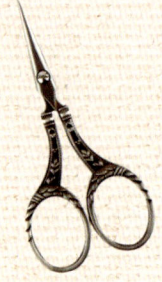

🔻 자수 바늘
퀼트 또는 바느질하는 일반 바늘은 귀가 작고 몸통도 가늘고 길이도 짧은 것이 많으나 자수 바늘은 귀가 크고 길며 바느질 바늘에 비해 굵은 편입니다. 때에 따라서는 가늘고 짧은 바늘도 사용하지만, 귀는 보통의 바느질 바늘과 퀼트 바늘보다 길고 큰 편입니다. 실의 굵기에 따라 바늘 크기도 달라지며, 대개 실의 호수 5번사, 8번사, 25번사 경우 바늘은 22호~24호 정도를 사용하면 됩니다. 주의할 점은 제품에 따라 호수가 다른 경우도 있습니다.

🔻 자수 실
자수 실은 면사, 모사, 린넨사, 합성사, 메탈사, 견사 등 다양한 종류가 있습니다. 그중에서 면사를 주로 사용하며 린넨사, 합성사, 견사, 비스코스사, 메탈사 등도 사용합니다.

🔻 수성 펜
원단에 도안을 그릴 때 사용하며 물을 묻히면 지워지므로 도안을 수정할 때 쉬운 장점이 있습니다. 하지만, 하루나 이틀 정도 시간이 지나면 도안이 지워지므로 작업 시간을 유의하여 사용해야 합니다.

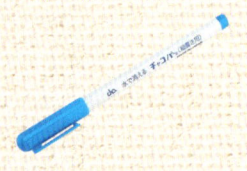

▼ 연필
기본 디자인을 종이에 그리거나 원단에 도안을 바로 그릴 때 사용합니다. 도안을 그릴 때는 4B연필을 사용하는 것이 좋습니다. 원단에 연필로 바로 스케치한 도안은 세탁하지 않으면 잘 지워지지 않으므로 유의하여 사용합니다.

▼ 자
치수를 재거나 선을 반듯이 그을 때 사용합니다.

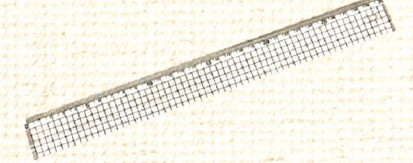

▼ 먹지 전용 펜
먹지를 대고 원본 도안을 원단에 옮길 때 사용하는 끝이 둥근 철 펜입니다.

▼ 트레이싱페이퍼
디자인한 도안을 원단에 옮길 때 사용하는 비침이 있는 종이로 일반적으로 기름종이라고도 합니다.

▼ 원단용 먹지
디자인한 도안을 원단에 옮길 때 사용하는 종이입니다. 일반적으로 먹지를 사용하면 원단에 검거나 붉은색이 함께 묻어서 불편한 점이 있습니다. 원단용 먹지는 가격이 비싼 단점이 있지만, 30~40회 정도 사용할 수 있고 불필요한 오염을 예방해 주는 장점이 있습니다.

▼ 비즈
자수 작품에 액세서리용 비즈를 적절하게 사용하면 좋습니다. 작품을 더 화려하게 돋보이도록 하는 장점이 있어 완성도를 높이고 다양한 표현이 가능하도록 도움을 주는 재료입니다. 이 책에서는 씨드비즈를 사용하였습니다.

❖ 책 속의 스티치

프랑스 자수 스티치는 많은 종류가 있습니다. 아래에 소개하는 스티치는 책 속 작품에 사용된 스티치를 정리한 것입니다. 작품을 만들 때 참고하면 도움이 될 것입니다.

▼ 더블 레이지데이지 스티치

▼ 러닝 스티치

▼ 레이즈드 스탬 스티치

▼ 레이지데이지 스티치

▼ 로프 스티치   ▼ 롱앤 숏 스티치

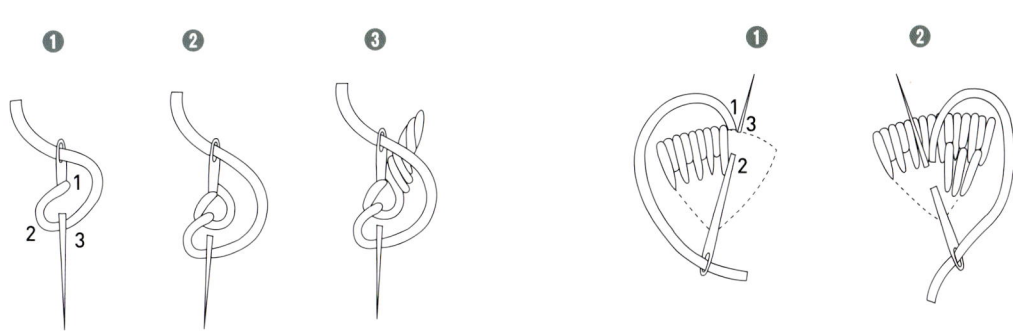

▼ 롱 프렌치 넛 스티치   ▼ 리프 스티치

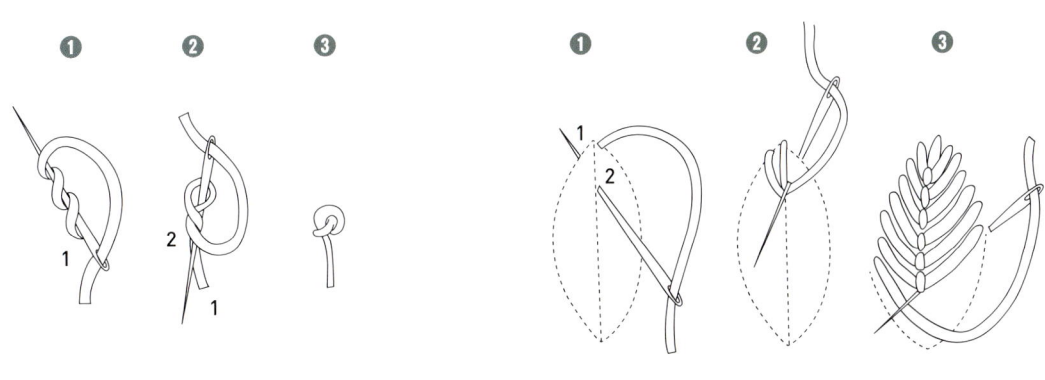

▼ 마운트멜릭 스티치

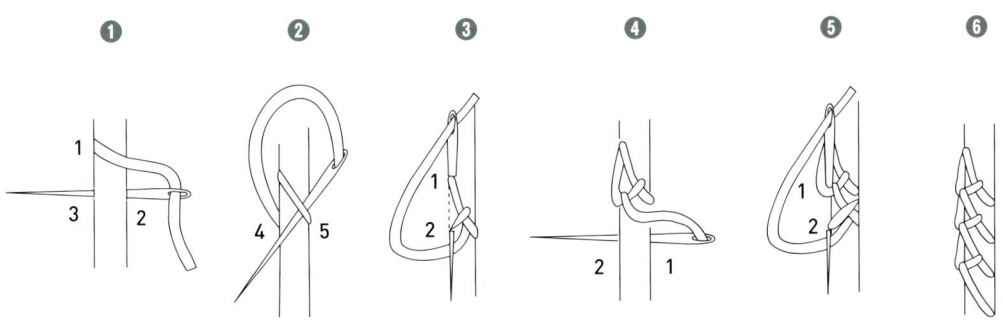

바스켓 스티치

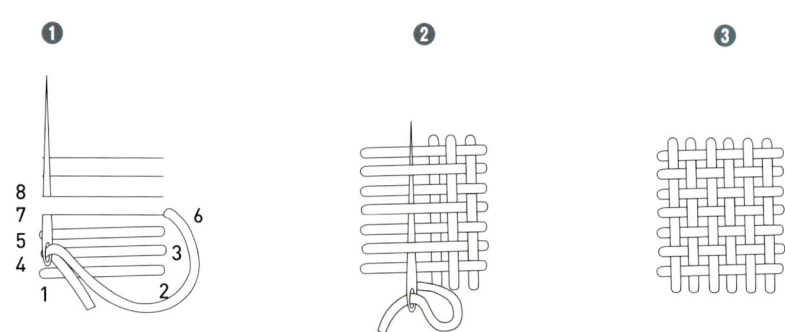

백 스티치

버튼호울 스티치(블랑켓 스티치)

버튼호울 싱글바 스티치

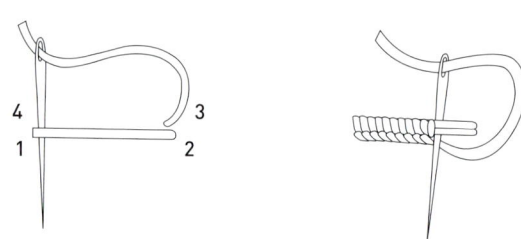

▼ 버튼호울 필링 스티치

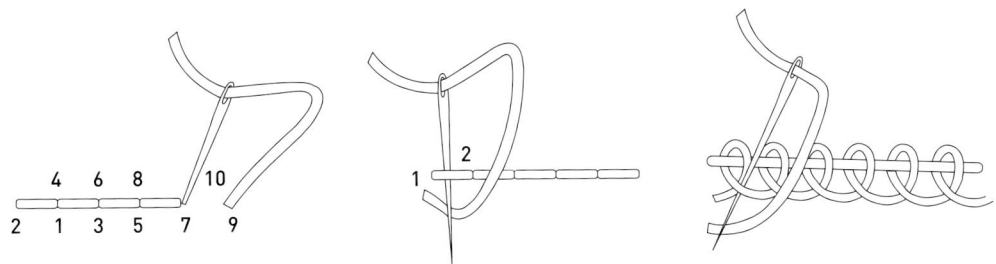

▼ 불리온 스티치

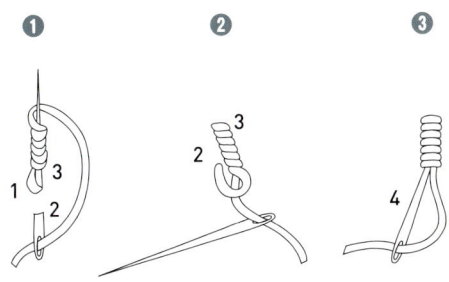

▼ 블랑켓 휠 스티치

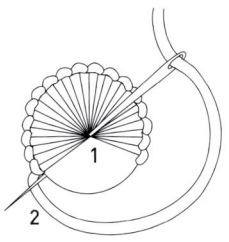

▼ 새틴 스티치

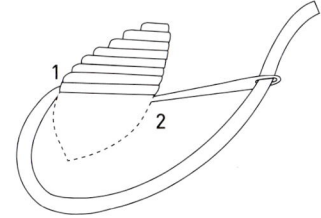

▼ 스트레이트 스티치

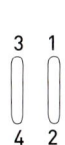 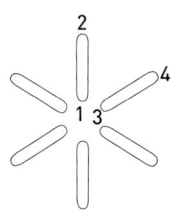

스파이더 웹 로즈 스티치

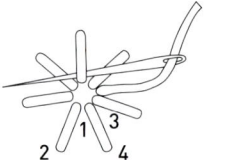 

스피릿 스티치

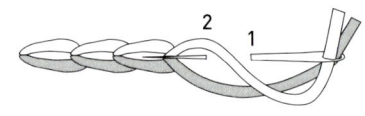

아웃라인 스티치

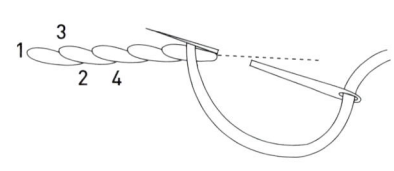

웨이빙 로즈 스티치

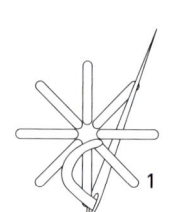 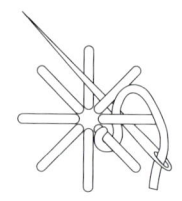 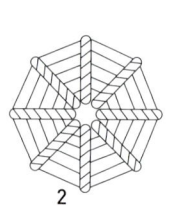

우반 피콧 스티치

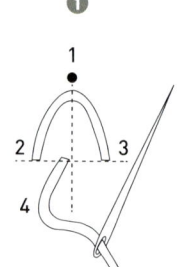 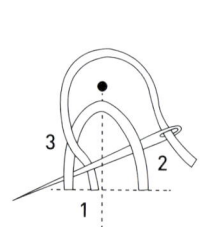 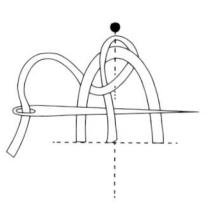 

▼ 체인 스티치   ▼ 카우칭 스티치

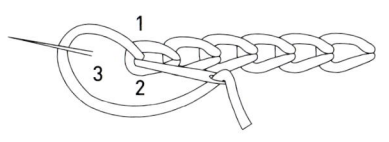   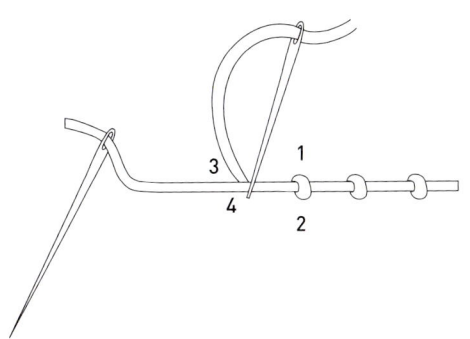

▼ 코럴 넛 스티치

❶   ❷   ❸

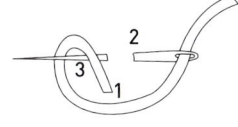

▼ 크래스티드 체인 스티치

❶   ❷   ❸   ❹

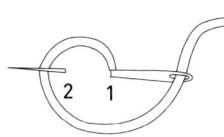 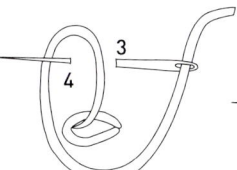 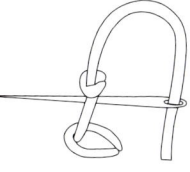 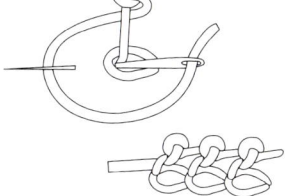

▼ 트위스트 레이지데이지 스티치   ▼ 트위스트 체인 스티치

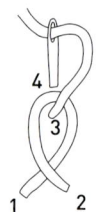 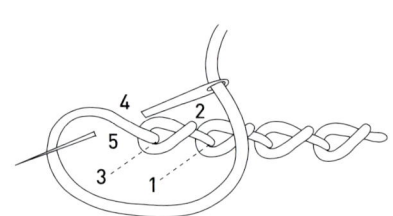

▼ 팔레스트리나 넛 스티치

❶ 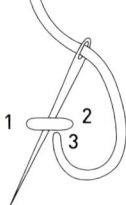   ❷   ❸

▼ 프렌치 넛 스티치

❶    ❷ 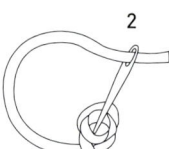   ❸

▼ 플라이 스티치

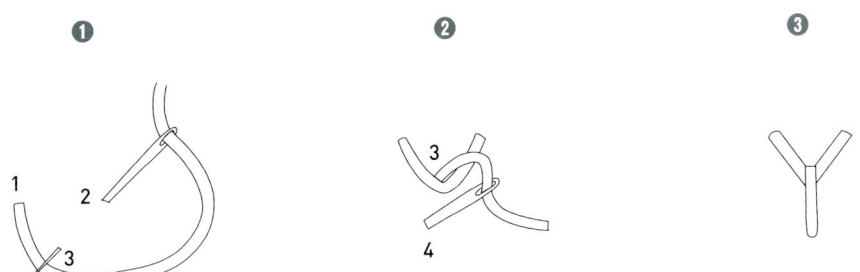

▼ 피쉬본 스티치

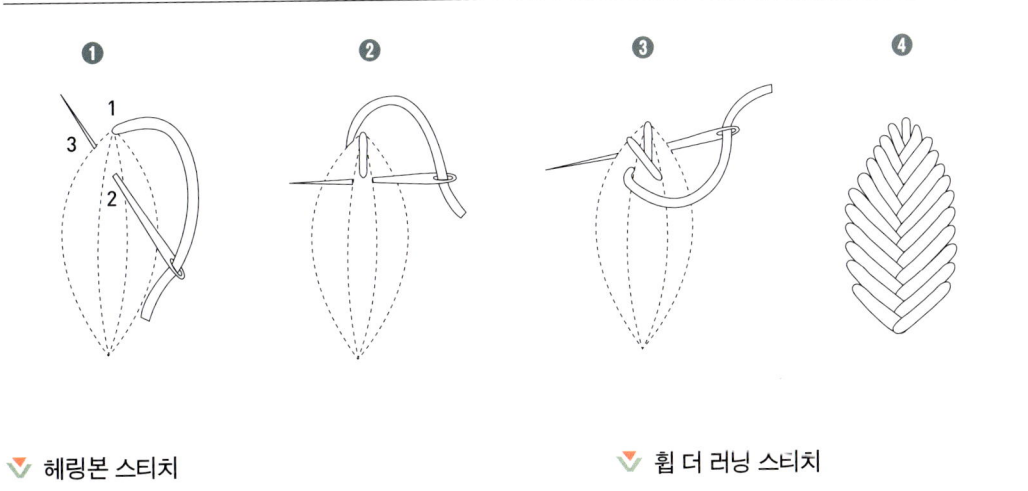

▼ 헤링본 스티치　　　　　　　　　　　▼ 휩 더 러닝 스티치

HAND EMBROIDERY

Part 2

쁘띠프리베
프 랑 스
자 수 소 품

HAND EMBROIDERY 01

장미 진주 바늘 핀 쿠션

#01
rose pin cushion

사용된 실과 기법 DMC 25번사

a = DMC 99 스파이더 웹 로즈 스티치
b = DMC 4230 스파이더 웹 로즈 스티치
c = DMC 48 스파이더 웹 로즈 스티치
d = DMC 988, 989 아웃라인 스티치
e = DMC 988, 989 리프 스티치
f = DMC 988, 989 플라이 스티치
g = DMC 988, 989 백 스티치

TIP

- 장미꽃은 보통 도안보다 1~2mm 더 크게 만들어야 완성한 뒤 도안보다 작지 않습니다. 스파이더 웹 로즈 스티치 특성상 도안과 같은 크기로 만들면 꽃이 완성되어 가면 갈수록 안쪽으로 당겨져서 꽃 크기가 도안보다 작게 만들어질 수도 있습니다.

- 스파이더 웹 로즈 스티치로 장미를 만들 때는 실을 감고 너무 잡아당기지 말아야 합니다. 장미가 지나치게 위로 솟아오를 수 있습니다. 반대로 당김이 느슨하면 아래로 가라앉아 퍼진 듯하여 예쁘지가 않습니다. 적당한 세기와 균등한 힘으로 감으며 수놓는 것이 중요합니다.

복합사를 사용할 때는 실색상의 짙고 옅음을 생각하여 색상 활용에 알맞게 길이를 잘라 사용해야 복합사의 아름다움을 극대화할 수 있어 작품이 더 돋보입니다. 예를 들어 짙은 색상이 안쪽으로 오게 하려면 실의 짙은 부분으로 먼저 수놓으면 됩니다.

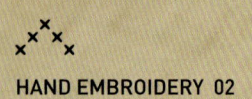

HAND EMBROIDERY 02

장미 꽃다발 손수건

사용된 실과 기법 ANC 25번사, DMC 25번사

a = ANC 1320 스파이더 웹 로즈 스티치
b = DMC 3811 스파이더 웹 로즈 스티치
c = DMC 597 웨이빙 로즈 스티치
d = ANC 1320 웨이빙 로즈 스티치
e = DMC BLANC 웨이빙 로즈 스티치
f = DMC 3766 웨이빙 로즈 스티치
g = DMC 3811 웨이빙 로즈 스티치
h = DMC 452 웨이빙 로즈 스티치
i = DMC 647 아웃라인 스티치
j = DMC 647 레이지데이지 스티치

TIP

꽃을 먼저 수놓고 줄기를 수놓습니다.

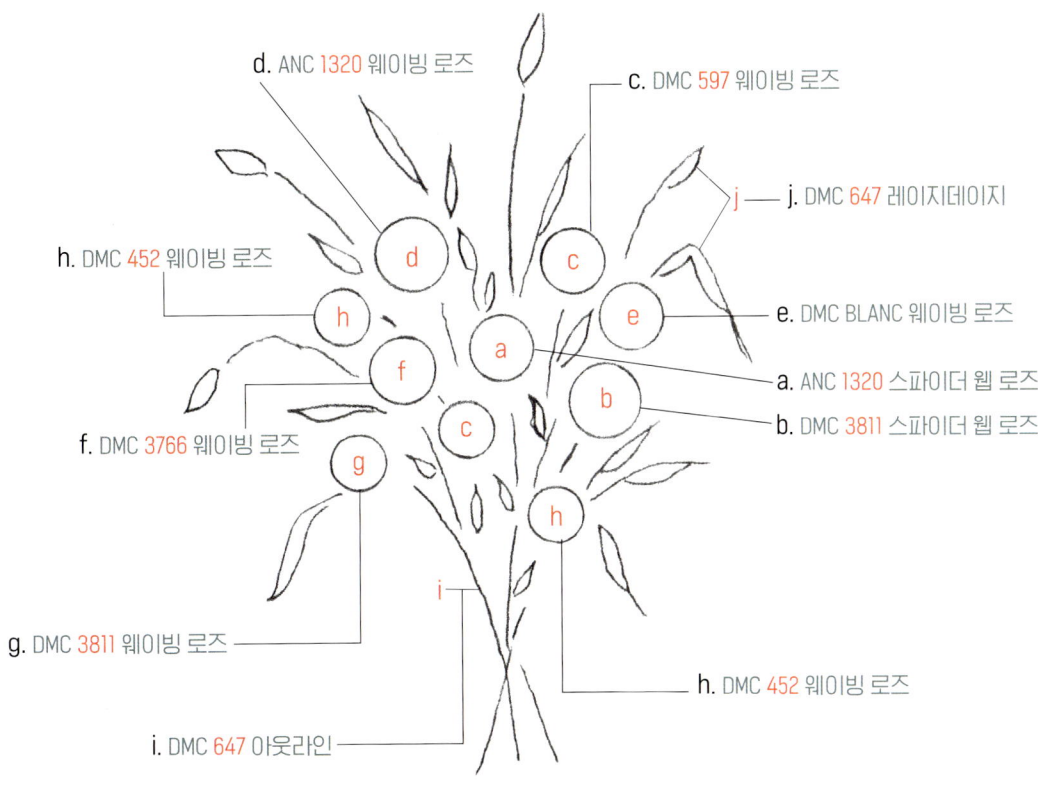

d. ANC 1320 웨이빙 로즈
c. DMC 597 웨이빙 로즈
j. DMC 647 레이지데이지
h. DMC 452 웨이빙 로즈
e. DMC BLANC 웨이빙 로즈
a. ANC 1320 스파이더 웹 로즈
b. DMC 3811 스파이더 웹 로즈
f. DMC 3766 웨이빙 로즈
g. DMC 3811 웨이빙 로즈
h. DMC 452 웨이빙 로즈
i. DMC 647 아웃라인

HAND EMBROIDERY 03
분꽃나무 손수건

사용된 실과 기법 ANC 25번사

a = ANC 1216 아웃라인 스티치, 프렌치 넛 스티치
b = ANC 391 아웃라인 스티치, 트위스트 레이지데이지 스티치, 프렌치 넛 스티치
c = ANC 858 플라이 스티치
d = ANC 2 레이지데이지 스티치, 프렌치 넛 스티치
e = ANC 129, 136 레이지데이지 스티치, 프렌치 넛 스티치
f = ANC 90 프렌치 넛 스티치

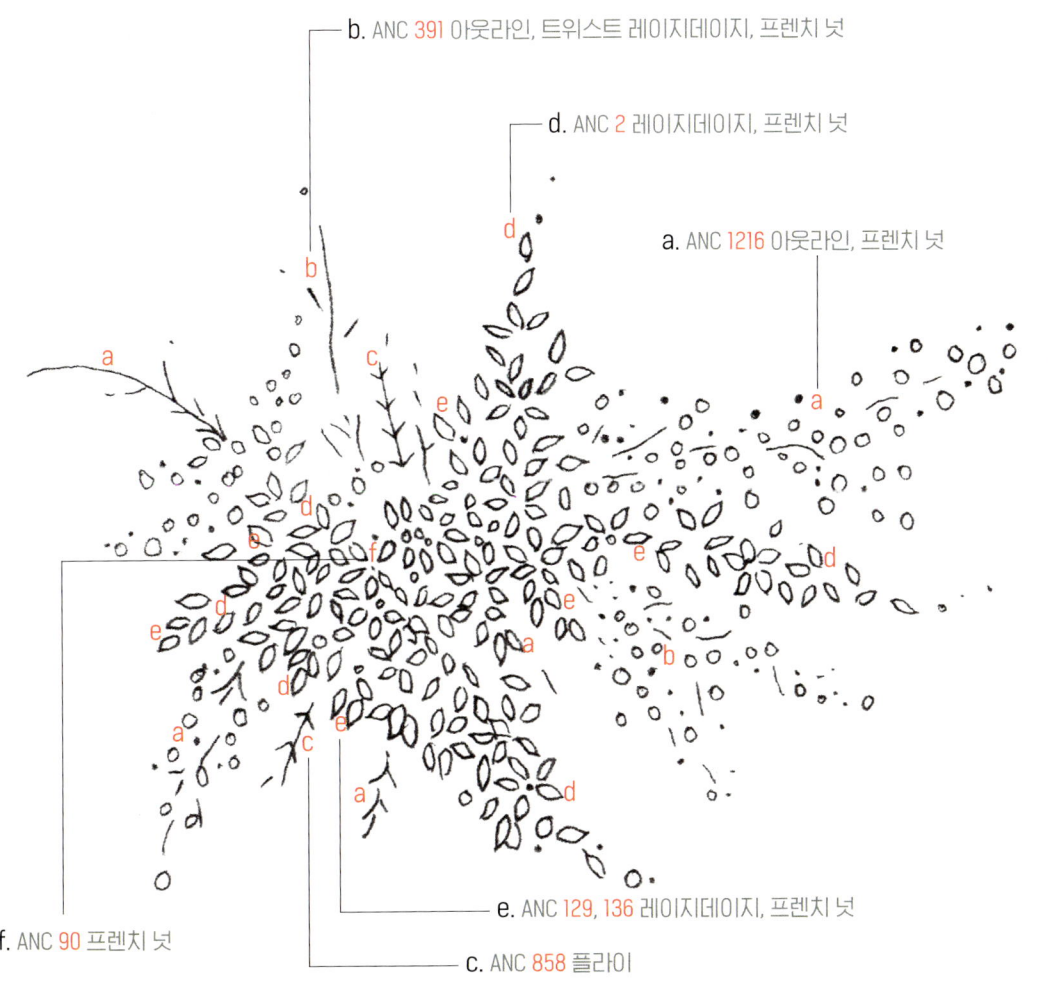

b. ANC 391 아웃라인, 트위스트 레이지데이지, 프렌치 넛
d. ANC 2 레이지데이지, 프렌치 넛
a. ANC 1216 아웃라인, 프렌치 넛
e. ANC 129, 136 레이지데이지, 프렌치 넛
c. ANC 858 플라이
f. ANC 90 프렌치 넛

HAND EMBROIDERY 04
쑥부쟁이 파우치

#04
Aster lautureanus pouch

사용된 실과 기법 ANC 25번사, DMC 25번사

a = DMC 341 프렌치 넛 스티치, 스트레이트 스티치
b = DMC 111 아웃라인 스티치
c = DMC 368, 989 새틴 스티치
d = ANC 129 프렌치 넛 스티치, 스트레이트 스티치
e = DMC 3839 프렌치 넛 스티치, 스트레이트 스티치
f = DMC 160 프렌치 넛 스티치, 스트레이트 스티치

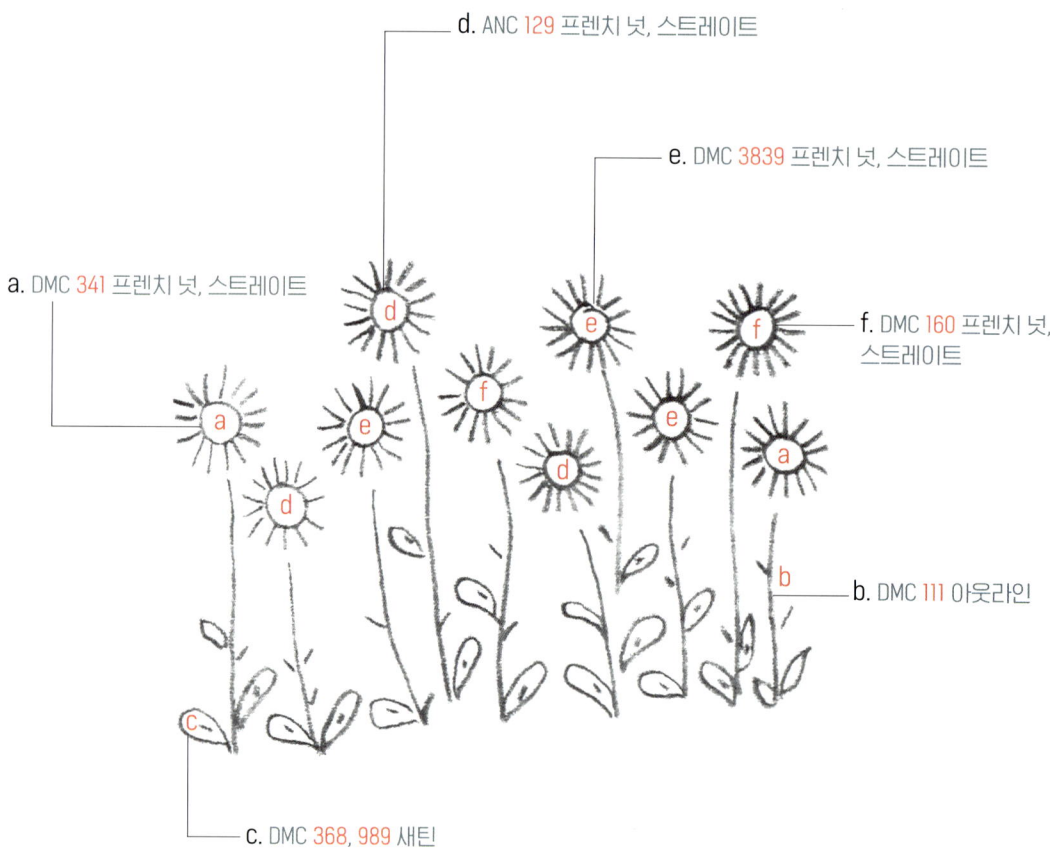

a. DMC 341 프렌치 넛, 스트레이트
b. DMC 111 아웃라인
c. DMC 368, 989 새틴
d. ANC 129 프렌치 넛, 스트레이트
e. DMC 3839 프렌치 넛, 스트레이트
f. DMC 160 프렌치 넛, 스트레이트

TIP
∧∧∧∧∧∧∧∧∧∧∧∧∧∧∧∧∧∧∧∧∧

태슬tassel 색상은 수놓은 꽃 색상과 맞추어 만들면 파우치가 더 깔끔하고 귀여운 느낌으로 연출할 수 있습니다.

HAND EMBROIDERY 05

작은 나뭇잎 파우치

사용된 실과 기법 ANC 25번사

a = ANC 1084 아웃라인 스티치
b = ANC 297, 303 롱앤 숏 스티치, 스트레이트 스티치
c = ANC 942, 943 롱앤 숏 스티치, 스트레이트 스티치
d = ANC 324, 859 롱앤 숏 스티치, 스트레이트 스티치
e = ANC 854, 924 롱앤 숏 스티치, 스트레이트 스티치
f = ANC 255, 266 롱앤 숏 스티치, 스트레이트 스티치
g = ANC 1002, 1004 롱앤 숏 스티치, 스트레이트 스티치
h = ANC 374, 277 롱앤 숏 스티치, 스트레이트 스티치
i = ANC 266, 267 롱앤 숏 스티치, 스트레이트 스티치

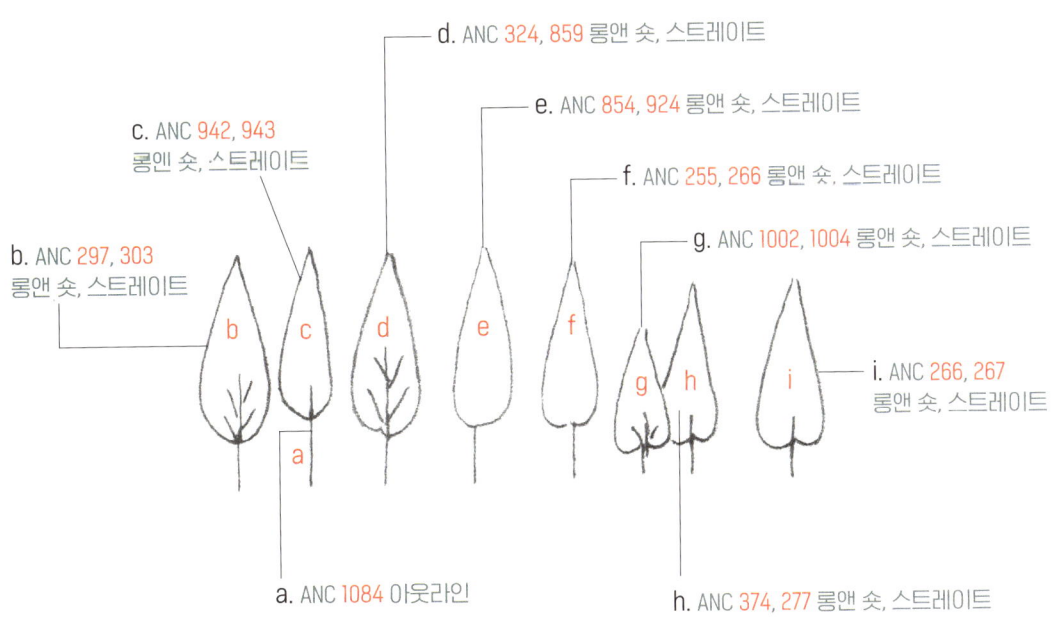

b. ANC 297, 303 롱앤 숏, 스트레이트
c. ANC 942, 943 롱엔 숏, 스트레이트
d. ANC 324, 859 롱앤 숏, 스트레이트
e. ANC 854, 924 롱앤 숏, 스트레이트
f. ANC 255, 266 롱앤 숏, 스트레이트
g. ANC 1002, 1004 롱앤 숏, 스트레이트
h. ANC 374, 277 롱앤 숏, 스트레이트
i. ANC 266, 267 롱앤 숏, 스트레이트
a. ANC 1084 아웃라인

HAND EMBROIDERY 06

장미 한 송이 파우치

#06

a rose pouch

사용된 실과 기법 DMC Lin

a = DMC L 3013 롱앤 숏 스티치, 아웃라인 스티치
b = DMC L 223, 760 버튼호울 스티치
c = DMC L 3012 롱앤 숏 스티치
d = DMC L 3012 트위스트 체인 스티치
씨드비즈

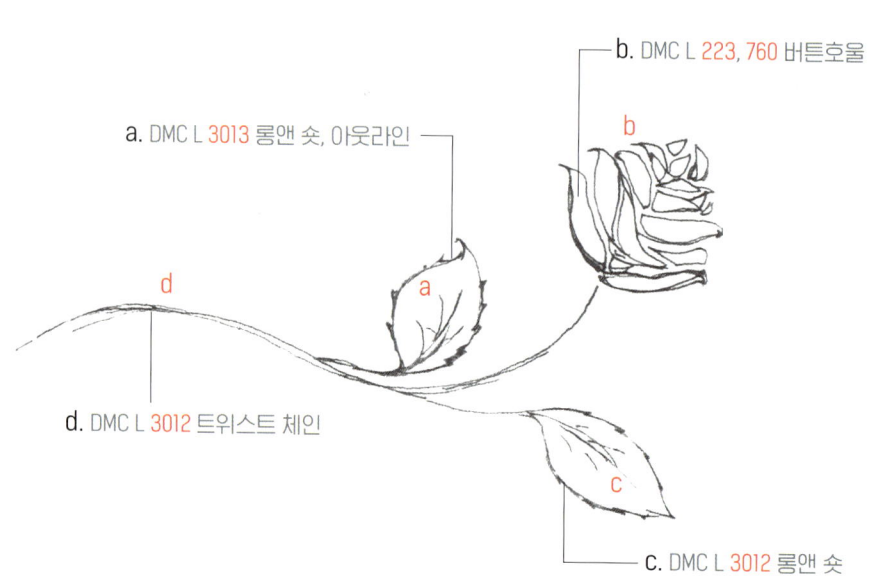

a. DMC L 3013 롱앤 숏, 아웃라인
b. DMC L 223, 760 버튼호울
c. DMC L 3012 롱앤 숏
d. DMC L 3012 트위스트 체인

TIP

✕ 잎의 바깥쪽을 촘촘히 수놓고 안쪽은 약간의 여백을 두고 수놓습니다.

✕ 꽃잎 사이에 씨드비즈를 하나씩 달아 장미꽃을 더 화려하게 장식하면 작품이 더 아름답습니다.

HAND EMBROIDERY 07

여행용 액세서리 파우치

#07
Accessory pouch

사용된 실과 기법 ANC 25번사, DMC 25번사, D.Art 315

a = ANC 1062, 401 휩 더 러닝 스티치, 스트레이트 스티치

b = ANC 1320 아웃라인 스티치

c = DMC156, ANC 1062, D.Art 315
프렌치 넛 스티치, 더블 레이지데이지 스티치, 트위스트 레이지데이지 스티치, 새틴 스티치

d = ANC 87, 380, D.Art 315 체인 스티치, 아웃라인 스티치, 새틴 스티치

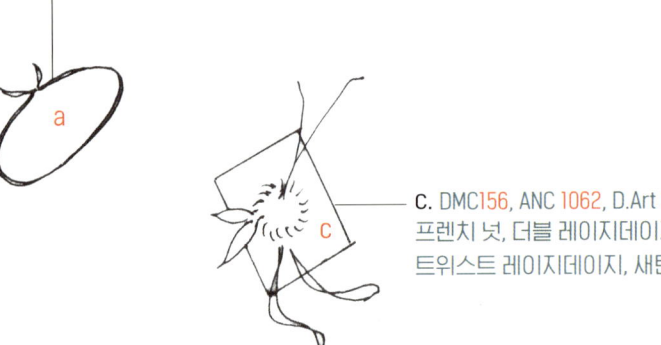

a. ANC 1062, 401 휩 더 러닝, 스트레이트

c. DMC156, ANC 1062, D.Art 315
프렌치 넛, 더블 레이지데이지,
트위스트 레이지데이지, 새틴

b. ANC 1320 아웃라인

d. ANC 87, 380, D.Art 315 체인, 아웃라인, 새틴

TIP
〰〰〰〰〰〰〰〰〰〰〰〰〰
액세서리를 수놓을 때는 바탕 파란색을 먼저 수놓고 안쪽 장식 부분을 수놓습니다.

HAND EMBROIDERY 08
여행용 빨랫감 파우치

#08
travel pouch

사용된 실과 기법 ANC 25번사, DMC 25번사

a = ANC 140 아웃라인 스티치, 러닝 스티치 (레이스 천 대고 가장자리 러닝으로 붙이기)
b = ANC 118 아웃라인 스티치
c = DMC 4515 로프 스티치, 아웃라인 스티치, 바스켓 스티치

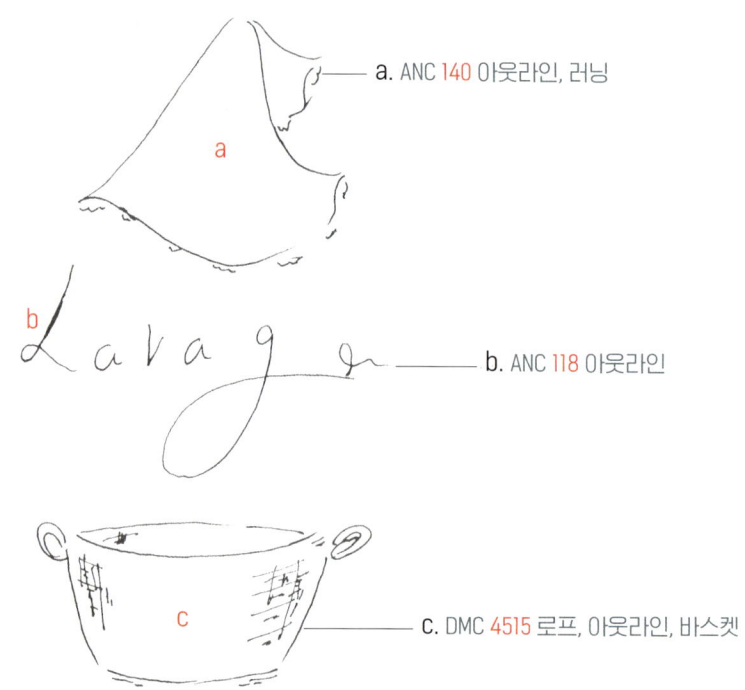

a. ANC 140 아웃라인, 러닝

b. ANC 118 아웃라인

c. DMC 4515 로프, 아웃라인, 바스켓

TIP

× 바구니는 너무 성글지 않게 촘촘히 수놓습니다.

× 레이스는 바닥을 먼저 아웃라인 스티치로 수놓고 그 위에 레이스 천을 자연스럽게 놓고 러닝 스티치로 붙여줍니다.

HAND EMBROIDERY 09
꽃바구니 에코백

#09
echo back

사용된 실과 기법 ANC 25번사

a = ANC 74 스파이더 웹 로즈 스티치
b = ANC 75 스파이더 웹 로즈 스티치
c = ANC 76 스파이더 웹 로즈 스티치
d = ANC 48 스파이더 웹 로즈 스티치
e = ANC 375 카우칭 스티치
e' = ANC 373 카우칭 스티치
f = ANC 144 레이지데이지 스티치
f' = ANC 145 레이지데이지 스티치
g = ANC 38 새틴 스티치, ANC 27 스트레이트 스티치
h = ANC 258, 256 아웃라인 스티치
i = ANC 375 프렌치 넛 스티치
j = ANC 38 스파이더 웹 로즈 스티치

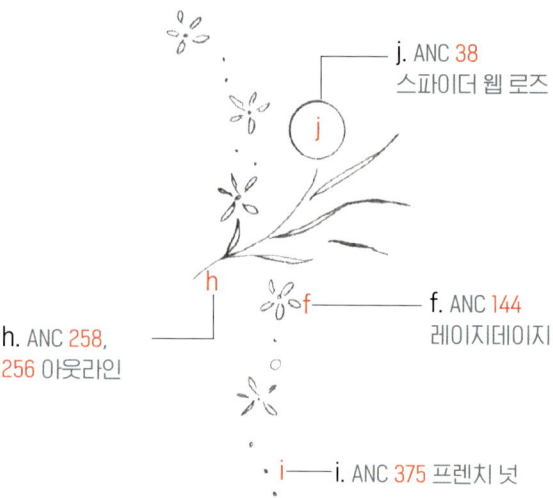

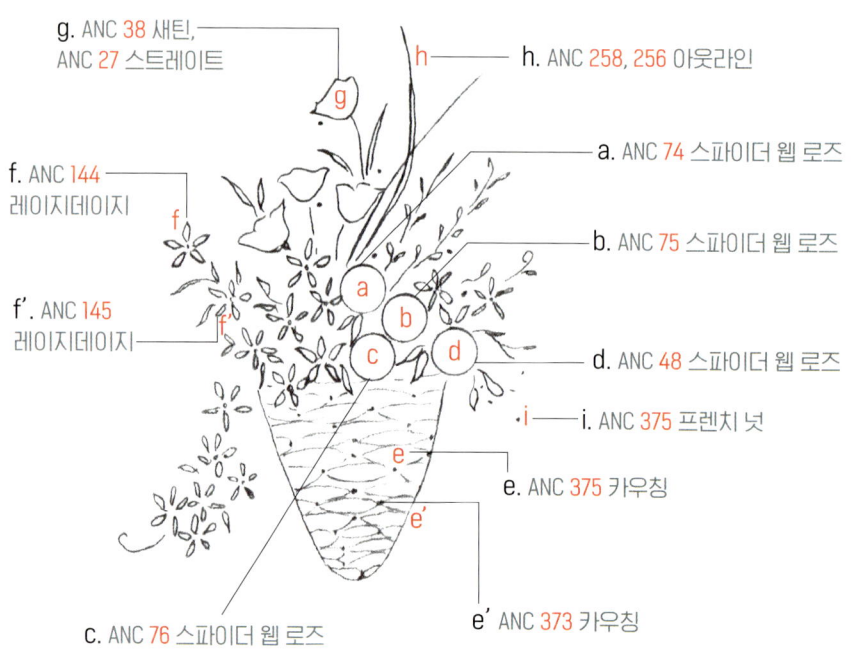

TIP
작업순서를 바구니, 꽃, 줄기 순서로 수놓는 것이 더욱 예쁜 작품을 만드는 방법입니다. 줄기를 먼저 수놓으면 꽃 높이가 균형감이 없어 불안해 보이는 작품이 될 수 있습니다.

HAND EMBROIDERY 10

장미덩굴 티슈케이스

#10
climbing rose tissue case

사용된 실과 기법 ANC 25번사, DMC 25번사

a = DMC 504 스파이더 웹 로즈 스티치
b = DMC 504 피쉬본 스티치
c = ANC 926, 387 아웃라인 스티치

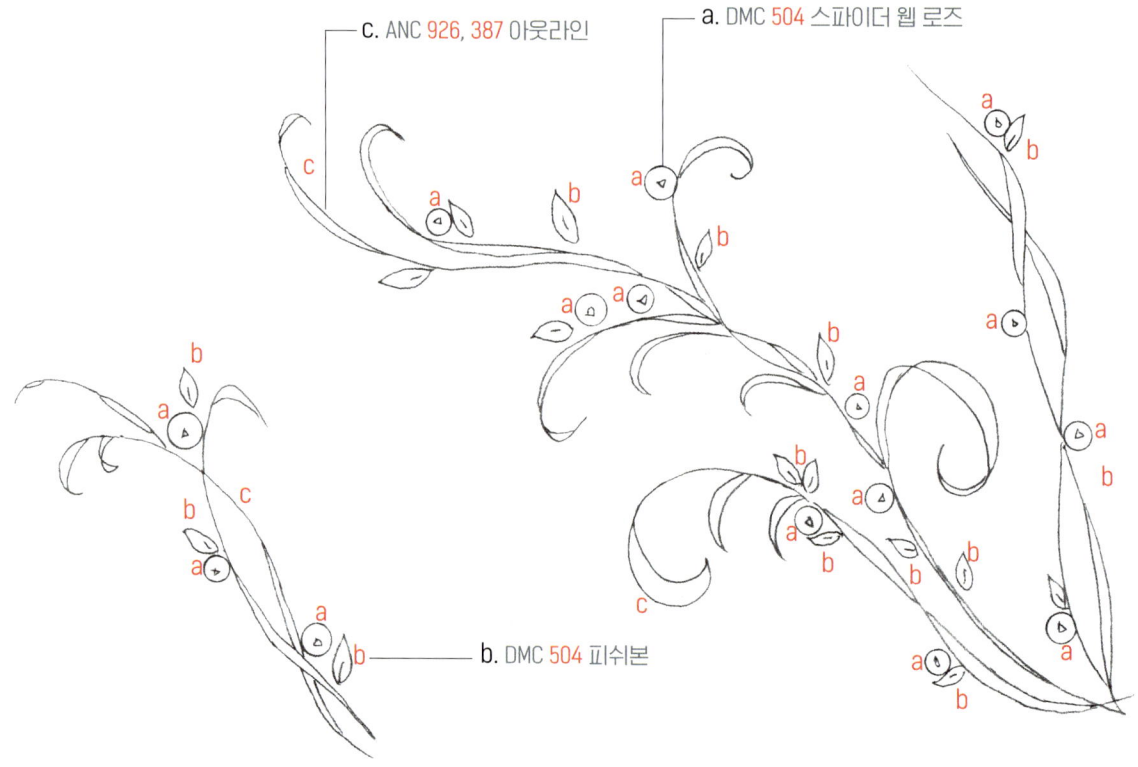

기준이 되는 라인
좌 우

TIP

× 라인을 수놓을 때는 먼저 기준이 될 중심을 먼저 수놓고 좌우로 왔다 갔다 반복하는 방법으로 작업합니다. 그리고 가장 안쪽은 짧고 섬세하게 수놓아야 덩굴이 부드럽고 자연스럽게 표현됩니다.

× 라인 끝부분은 되도록 가늘게 표현되도록 길게 라인을 한 땀으로 수놓는 것이 좋습니다.

HAND EMBROIDERY 11

가을 단풍잎 티슈케이스

#11
Maple tissue case

사용된 실과 기법 ANC 25번사

a = ANC 1385 아웃라인 스티치, 러닝 스티치, 새틴 스티치
b = ANC 1305 아웃라인 스티치, 러닝 스티치, 새틴 스티치

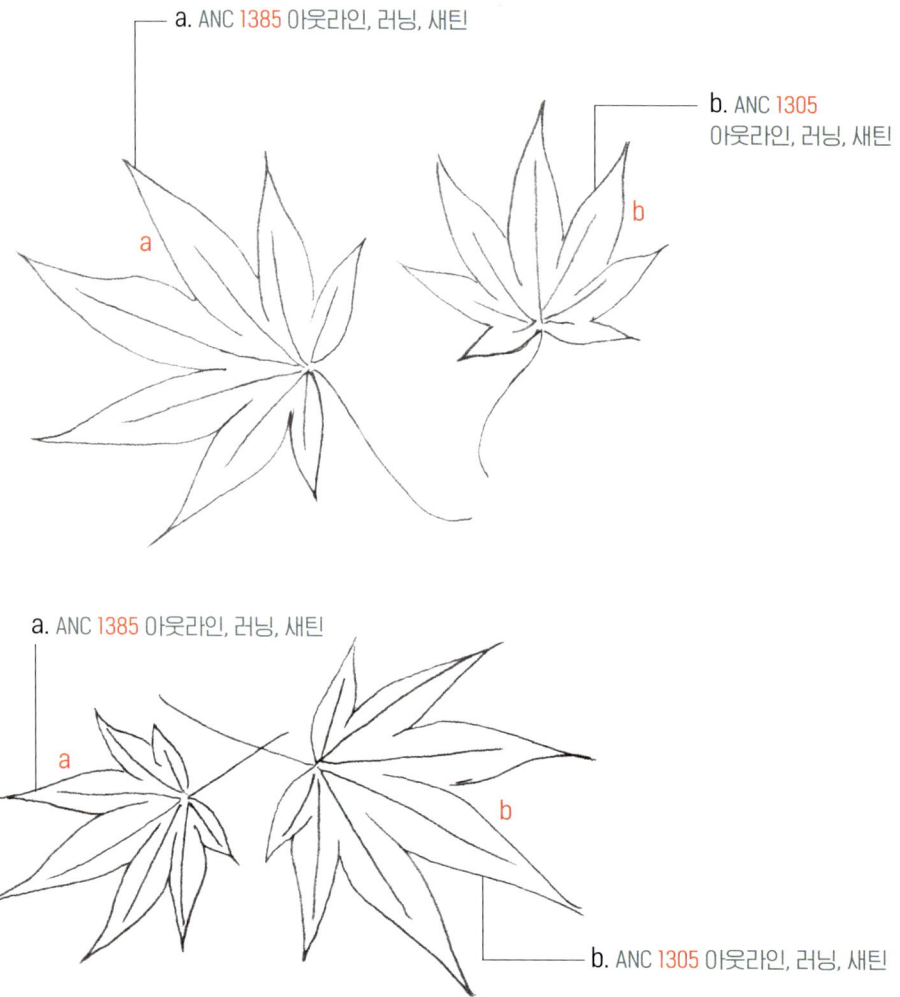

TIP

✕ 단풍잎 라인을 먼저 수놓은 다음 안쪽을 메워갑니다.

✕ 새틴 스티치 방향은 마주 대한 면이 서로 반대 방향을 향하도록 합니다.

HAND EMBROIDERY 12
수레국화 티 매트

#12
cornflower Tea Mat

사용된 실과 기법 ANC 25번사

a = ANC 1302 더블 레이지데이지 스티치
a′ = ANC 1302 스트레이트 스티치
b = ANC 1302 트위스트 체인 스티치
c = ANC 1302 아웃라인 스티치
d = ANC 1300 러닝 스티치
e = ANC 1300 아웃라인 스티치
f = ANC 1300 트위스트 체인 스티치
g = ANC 1300 트위스트 레이지데이지 스티치
h = ANC 1300 프렌치 넛 스티치

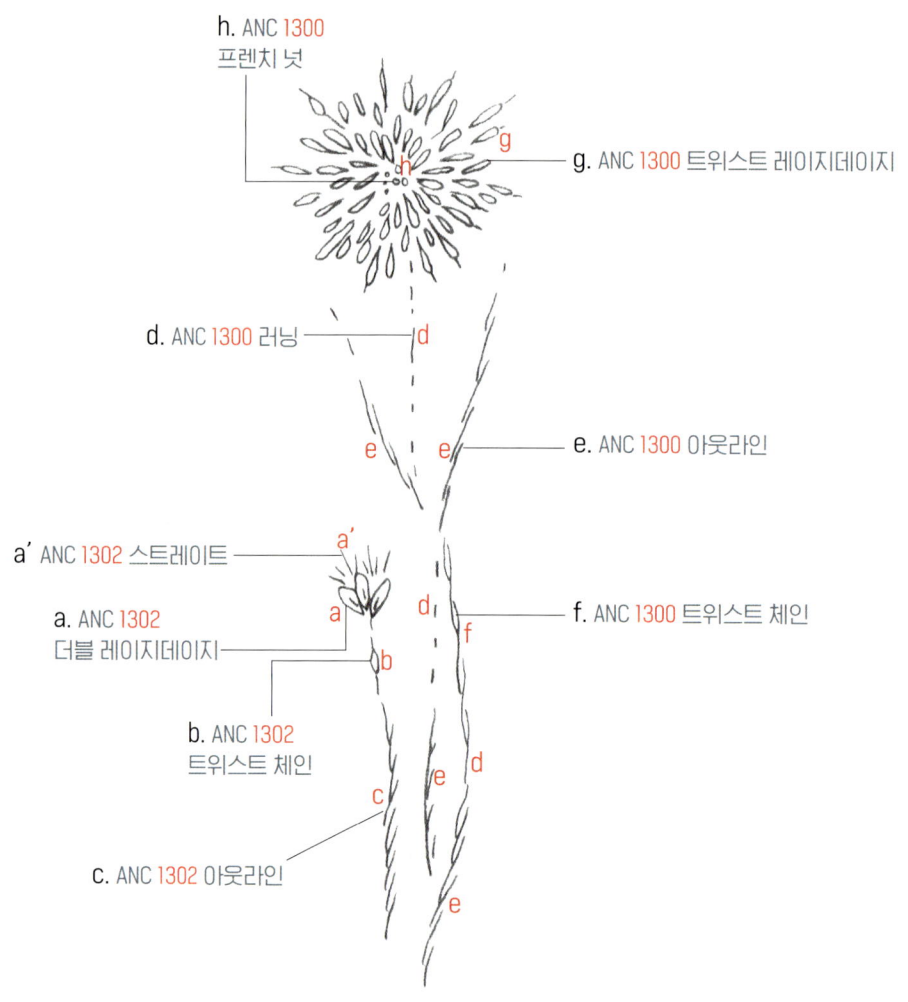

80

TIP

× 꽃은 수놓기 전에 먼저 십자로 균등하게 나누어 중심을 잡은 후 작업하면 전체적인 형태를 균형 있게 표현할 수 있습니다.

× 꽃을 수놓을 때 트위스트 레이지데이지 스티치로 안쪽에서 바깥쪽으로 수놓습니다.

HAND EMBROIDERY 13

꽃바구니 티 매트

#13
flower basket Tea Mat

사용된 실과 기법 ANC 25번사, DMC 25번사

a = ANC 1320 블랑켓 휠 스티치
b = DMC 3811 레이지데이지 스티치
c = DMC 597 로프 스티치
d = ANC 1320 버튼호울 필링 스티치
e = DMC BLANC 아웃라인, 레이지데이지 스티치
f = DMC 3766 새틴 스티치

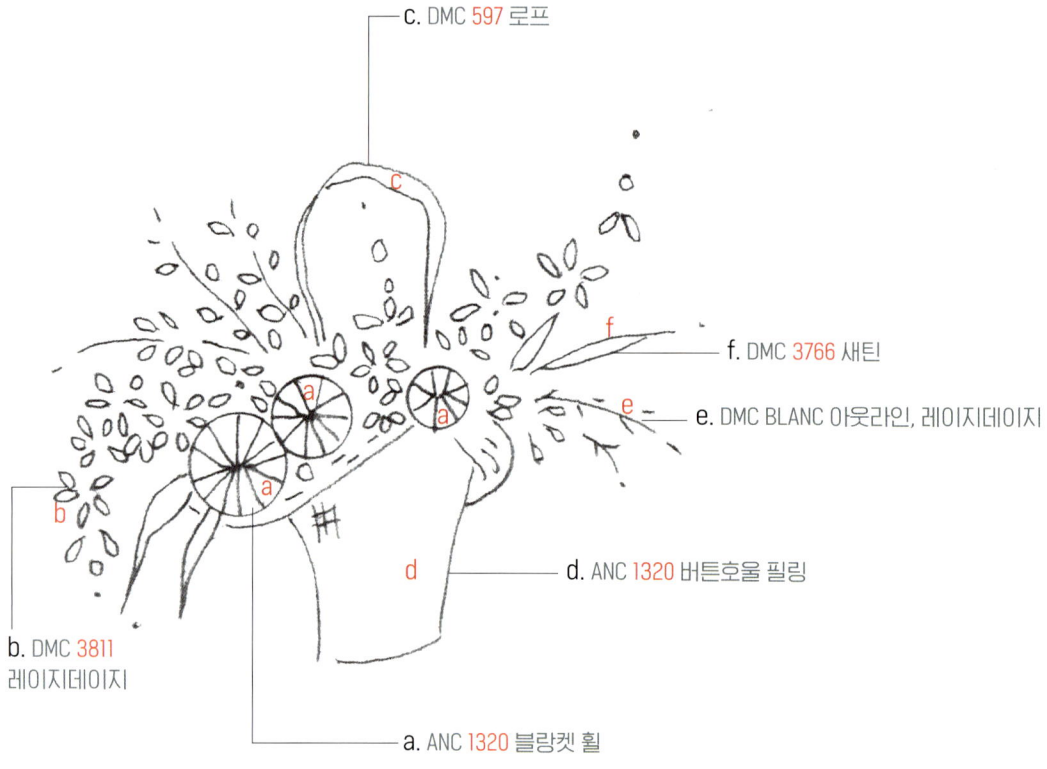

TIP

× 바구니를 먼저 수놓은 다음 꽃을 수놓습니다. 그리고 줄기와 잎을 수놓는 순서로 작품을 만드는 것이 완성도가 높습니다.

× 꽃바구니 수놓는 순서

　❶ 바구니
　❷ 꽃
　❸ 줄기
　❹ 잎

HAND EMBROIDERY 14
컷워크 티 매트

#14
cutwork Tea Mat

사용된 실과 기법 ANC 8번사, DMC 8번사

a = ANC 1320 러닝, 버튼호울 스티치
a' = DMC 94 버튼호울 스티치
b = ANC 1320 아웃라인 스티치
b' = DMC 94 아웃라인 스티치
c = ANC 391 버튼호울 싱글바 스티치

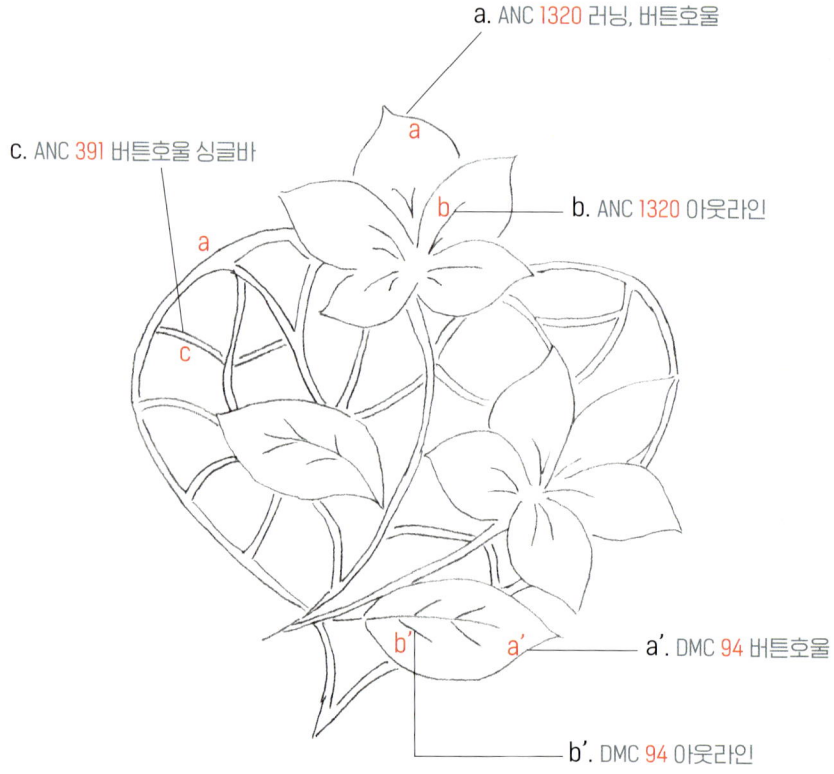

TIP

× 꽃 뒤편 하트는 라인을 따라 러닝 스티치로 수놓은 후 그 하트 선을 따라 위를 버튼호울 스티치로 다시 수놓습니다. 천 풀림을 방지하기 위함입니다. 공간 연결은 버튼호울 싱글바 스티치로 수놓습니다.

× 하트에서 자를 부분은 가위로 스티치를 따라서 안쪽 천을 자릅니다. 천을 자를 때는 가운데에 가위집을 넣고 자르면 실수를 줄일 수 있습니다.

☐ **원단과 원단을 이을 버튼호울 바를 만드는 방법** ☐

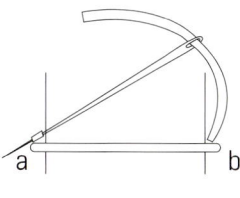 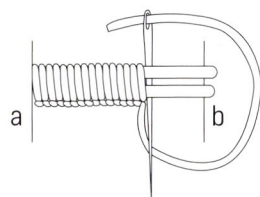 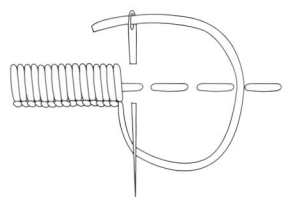

HAND EMBROIDERY 15

자란 등갓

#15
bletilla lampshade

사용된 실과 기법 ANC 25번사, DMC 25번사

a = ANC 1026, DMC 224 프렌치 넛 스티치, 레이지데이지 스티치
b = ANC 1026, DMC 224 프렌치 넛 스티치, 레이지데이지 스티치
c = DMC 928 레이지데이지 스티치
d = ANC 1026 새틴 스티치
e = DMC 927 헤링본 스티치
f = DMC 928 헤링본 스티치
g = DMC 926 체인 스티치, 러닝 스티치, 트위스트 체인 스티치

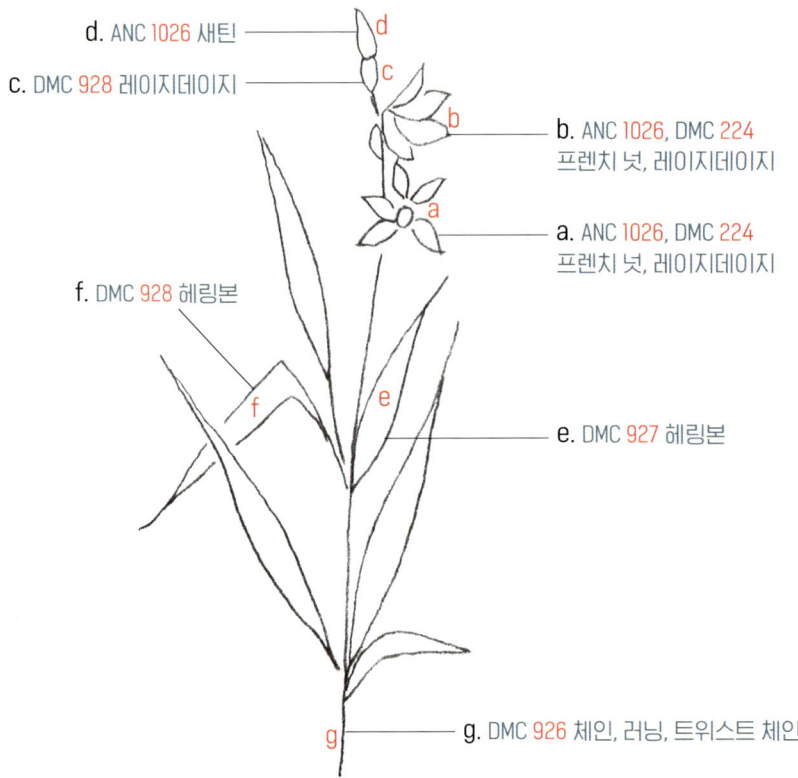

d. ANC 1026 새틴
c. DMC 928 레이지데이지
b. ANC 1026, DMC 224 프렌치 넛, 레이지데이지
a. ANC 1026, DMC 224 프렌치 넛, 레이지데이지
f. DMC 928 헤링본
e. DMC 927 헤링본
g. DMC 926 체인, 러닝, 트위스트 체인

#16
Love Cushion

사용된 실과 기법 ANC 25번사, DMC 25번사

a = ANC 1206 아웃라인 스티치
b = ANC 1206 로프 스티치
c = DMC 3805 아웃라인 스티치
d = DMC 600 새틴 스티치
e = DMC 3608 새틴 스티치
f = ANC 1320 새틴 스티치
g = ANC 1206 새틴 스티치
h = ANC 1206 레이지데이지 스티치
i = DMC 3805 새틴 스티치

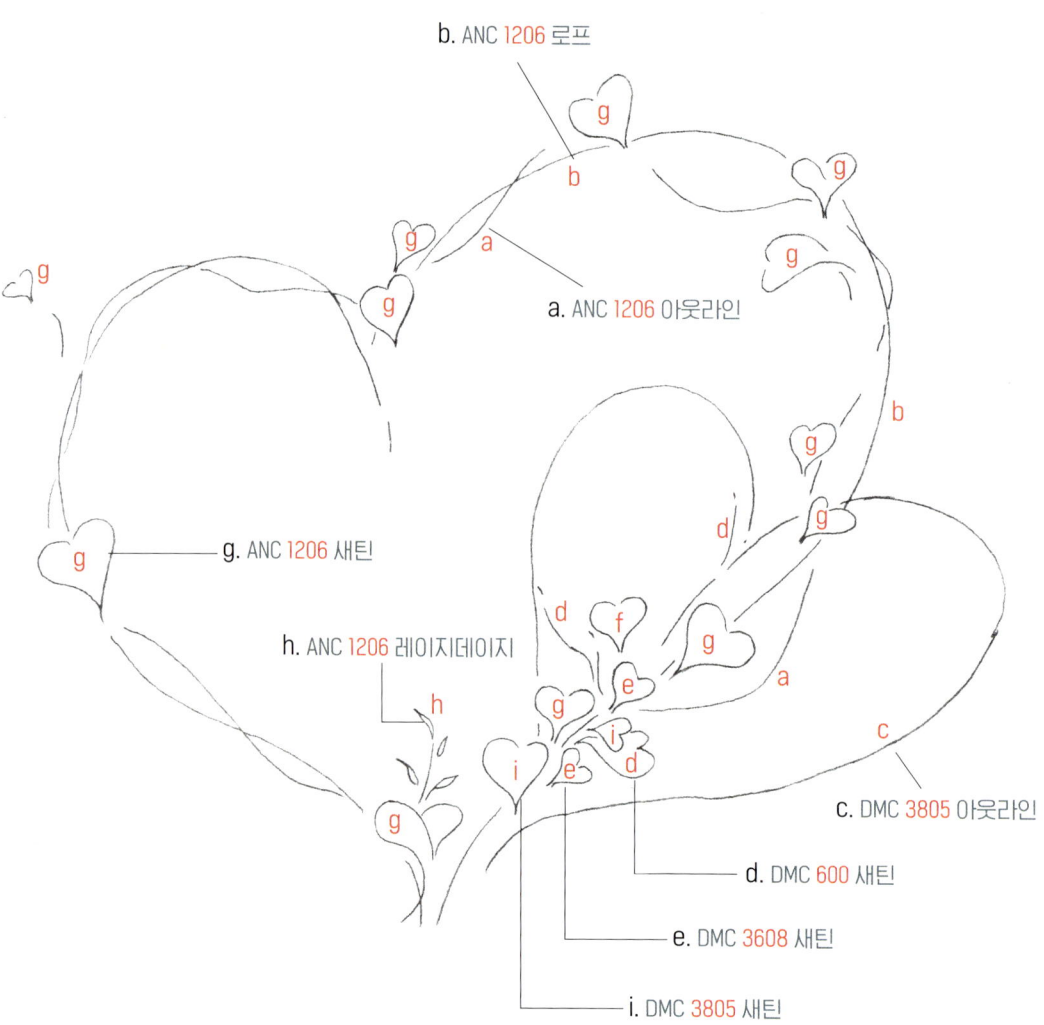

TIP

× 하트의 새틴 스티치는 반을 나누어 전체적으로 V자 모양으로 면을 메워 나갑니다.

× 먼저 중심이 되는 하트 라인을 수놓습니다. 하트 라인을 기준으로 뒤쪽에서 앞쪽으로 실이 엮어진 듯 곡선으로 수놓아 하트 라인을 더 예쁘게 장식합니다.

HAND EMBROIDERY 17

하트 잎 쿠션

#17
heart cushion

사용된 실과 기법 ANC 25번사

- ❶ = ANC 189
- ❷ = ANC 188
- ❸ = ANC 187
- ❹ = ANC 185
- ❺ = ANC 186
- a = 아웃라인 스티치, 리프 스티치
- a' = 피쉬본 스티치
- b = 스트레이트 스티치, 새틴 스티치
- c = 백 스티치, 새틴 스티치
- d = 아웃라인 스티치, 롱앤 숏 스티치
- e = 백 스티치, 새틴 스티치
- f = 프렌치 넛 스티치

TIP
여백을 가진 큰 잎들은 먼저 잎 라인을 수놓고 안쪽을 새틴 스티치 또는 부분적으로 새틴 스티치로 작업합니다.

TIP
잎 라인을 먼저 수놓고 잎 안쪽을 메워갑니다. 같은 모양의 잎들은 같은 방법으로 수놓습니다.

HAND EMBROIDERY 18
화이트 자수쿠션

사용된 실과 기법 DMC 25번사

a = DMC BLANC 아웃라인 스티치
b = DMC BLANC 리프 스티치
c = DMC BLANC 새틴 스티치, 프렌치 넛 스티치

b. DMC BLANC 리프

a. DMC BLANC 아웃라인

c. DMC BLANC 새틴 스티치, 프렌치 넛

HAND EMBROIDERY 19

장미덩굴 작은 타월

사용된 실과 기법 DMC 25번사

a = DMC 94 스파이더 웹 로즈 스티치
a' = DMC 94 트위스트 레이지데이지 스티치
b = DMC 99 스파이더 웹 로즈 스티치
c = DMC 4235 스파이더 웹 로즈 스티치
c' = DMC 4235 아웃라인 스티치
d = DMC 4235 트위스트 체인 스티치

TIP

× 장미꽃을 먼저 수놓습니다. 장미꽃 모양이 너무 퍼지거나 높이 올라오지 않도록 주의하며, 짙은 색이 안쪽에 오도록 수놓습니다.

× 꽃을 중심으로 줄기를 안쪽에서 바깥쪽으로 수놓습니다. 줄기 끝은 한두 땀을 건너 수놓아 마지막 여운을 둔 듯한 느낌으로 마무리합니다.

HAND EMBROIDERY 20
토끼 실내화

#20
rabbit House shoes

사용된 실과 기법 DMC 25번사

a = DMC BLANC 우반 피콧 스티치
b = DMC 3838 새틴 스티치
c = DMC BLANC 롱앤 숏 스티치

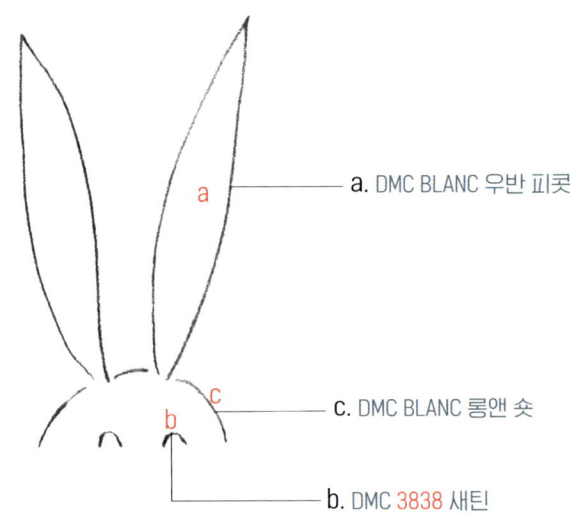

a. DMC BLANC 우반 피콧
c. DMC BLANC 롱앤 숏
b. DMC 3838 새틴

TIP

× 토끼 귀를 수놓을 때는 촘촘하게 메꾸어야 귀가 늘어지지 않습니다.

× 토끼 얼굴은 털이 너무 길지 않은 느낌을 주기 위해서는 롱앤 숏 스티치를 할 때 너무 롱 스티치를 길지 않게 수놓고 짧은 길이를 여러 번 반복하여 메꾸어 가며 수놓습니다.

HAND EMBROIDERY 21
버섯 미니 앞치마

*#21
mushroom
Mini apron*

사용된 실과 기법 ANC 25번사, DMC 25번사

a = DMC 115 버튼 호울 필링 스티치
b = ANC 885 레이즈드 스탬 스티치
c = ANC 885 아웃라인 스티치
d = ANC 886 불리온 스티치
e = ANC 875 아웃라인 스티치
f = ANC 875 리프 스티치
g = ANC 875 더블 레이지데이지 스티치

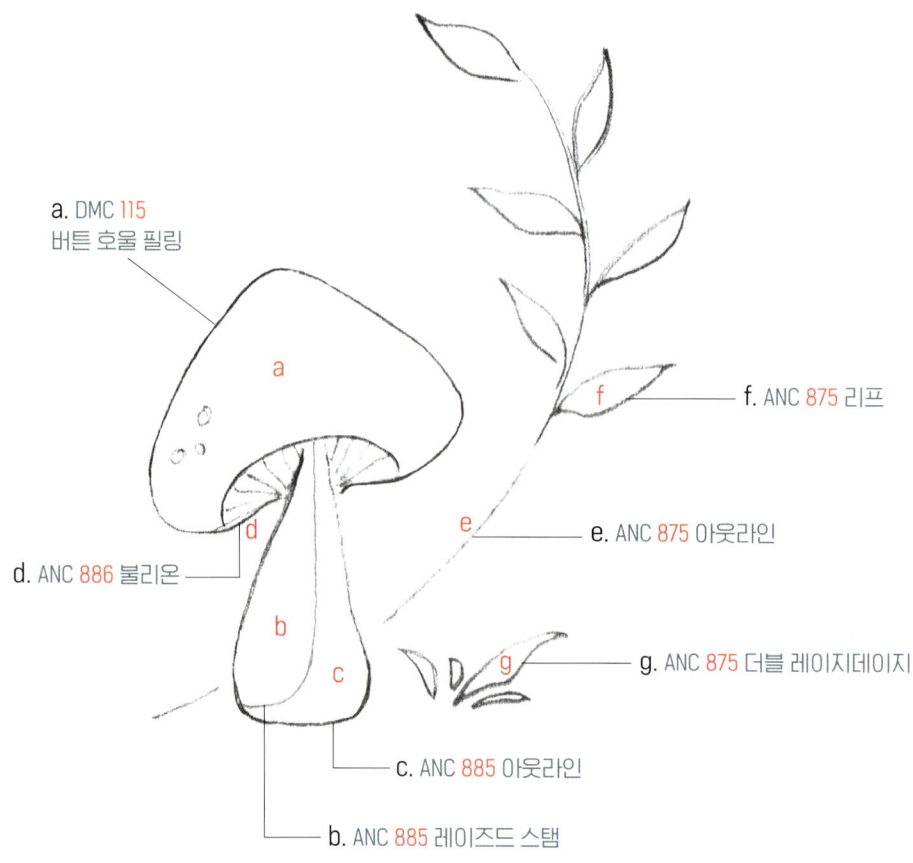

a. DMC 115 버튼 호울 필링
f. ANC 875 리프
e. ANC 875 아웃라인
d. ANC 886 불리온
g. ANC 875 더블 레이지데이지
c. ANC 885 아웃라인
b. ANC 885 레이즈드 스탬

TIP

버섯 갓 아랫부분을 먼저 수놓은 다음 갓 부분을 수놓아서 갓 안쪽을 덮는 형태로 수놓습니다. 마지막에 버섯 자루 부분을 수놓습니다.

❶ 갓 아랫부분 ❷ 갓 ❸ 자루

HAND EMBROIDERY 22

딸기 앞치마

#22
*strawberry
apron*

사용된 실과 기법 ANC 25번사, DMC 25번사

a = ANC 1 새틴 스티치
a' = DMC 702 레이지데이지 스티치
b = DMC 703 아웃라인 스티치
c = DMC 702 리프 스티치
d = DMC 703 아웃라인 스티치
e = ANC 1 새틴 스티치
f = DMC 703 레이지데이지 스티치
g = DMC 702 롱앤 숏 스티치
h = ANC 46, 47 버튼호울 필링 스티치

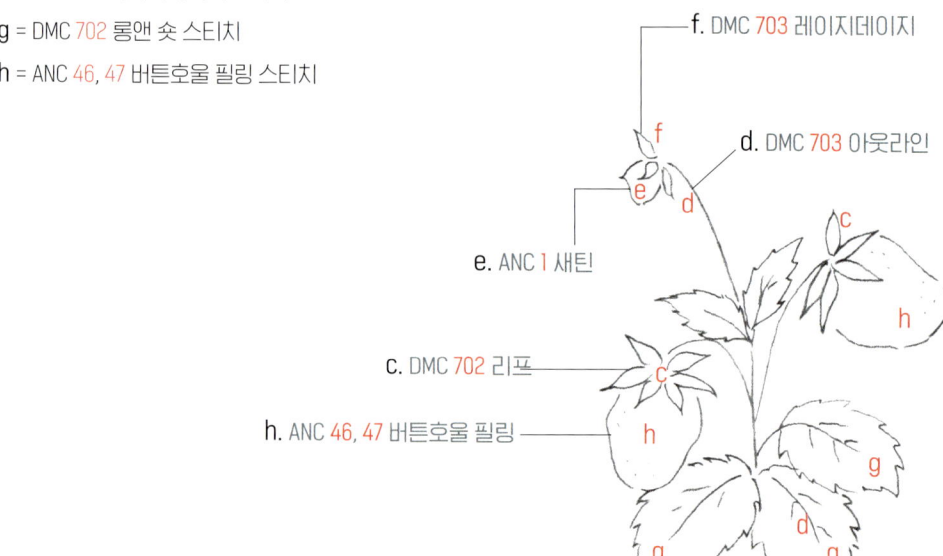

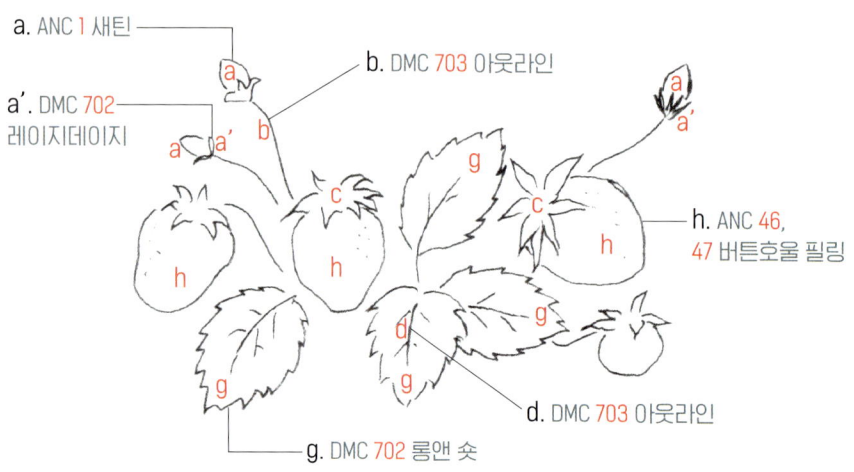

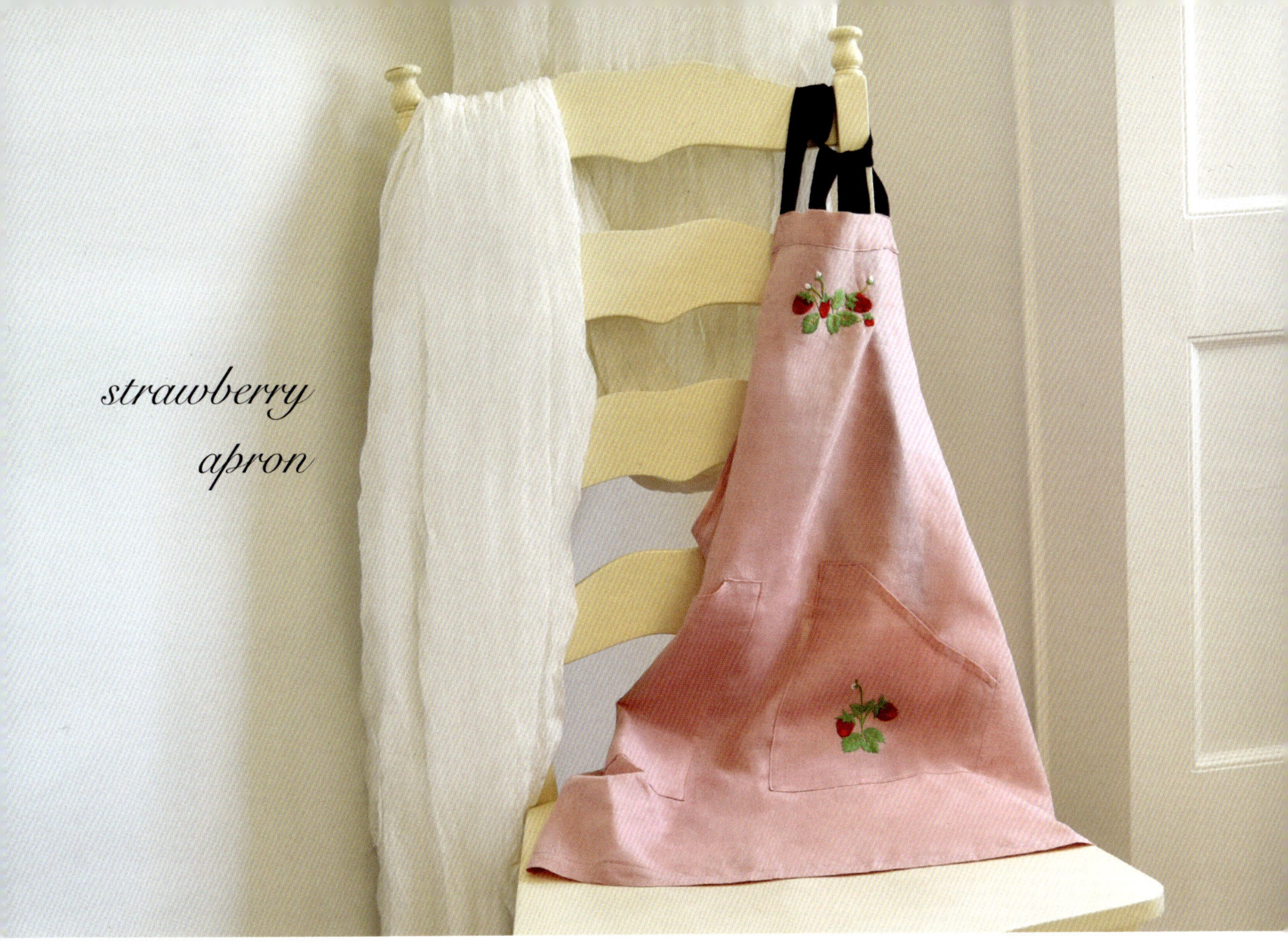

strawberry apron

TIP

× 딸기를 수놓을 때는 촘촘히 바탕이 드러나지 않게 수놓습니다.

× 딸기는 열매를 먼저 만들고 딸기 꼭지와 잎을 수놓습니다.

❶ 열매
❷ 딸기 꼭지 잎부분

HAND EMBROIDERY 23

하트 장미 앞치마

#23
heart rose apron

사용된 실과 기법 ANC 25번사, DMC 25번사

a = DMC BLANC 스파이더 웹 로즈 스티치
b = ANC 129 스파이더 웹 로즈 스티치
c = DMC 341 스파이더 웹 로즈 스티치
d = DMC 4045 아웃라인 스티치
e = DMC 4045 백 스티치
f = DMC 4045 리프 스티치

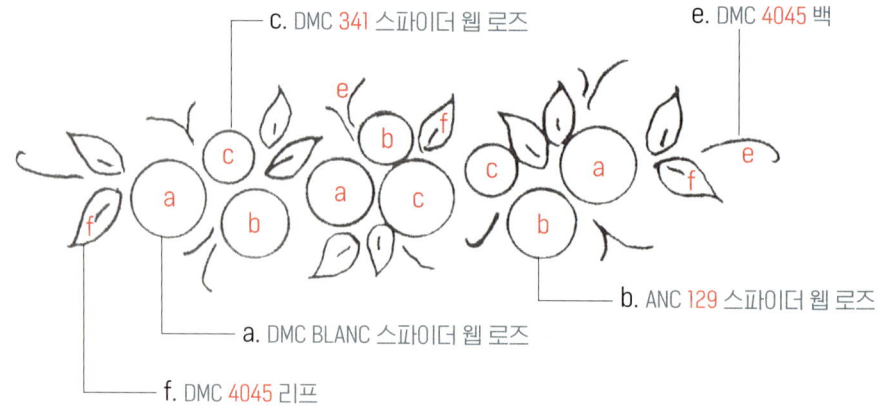

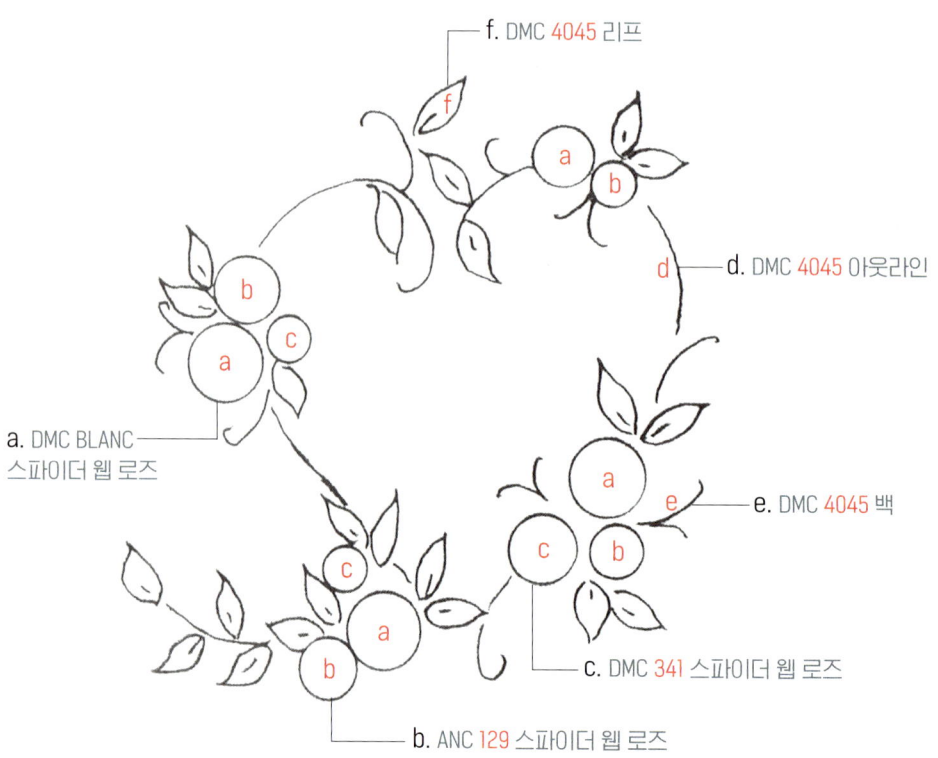

HAND EMBROIDERY 24

노루귀 앞치마

#24
hepatica apron

사용된 실과 기법 ANC 25번사, DMC 25번사

a = DMC 341, 340 롱앤 숏 스티치
b = ANC 1030 불리온 스티치, 프렌치 넛 스티치
c = ANC 1030 롱 프렌치 넛 스티치
d = ANC 215 체인 스티치, 새틴 스티치
e = ANC 832, 875 스피릿 스티치
f = ANC 831, 832 스피릿 스티치
g = ANC 215 트위스트 레이지데이지 스티치
h = ANC 261 새틴 스티치
i = ANC 215, 261 롱앤 숏 스티치
j = ANC 215 팔레스트리나 넛 스티치

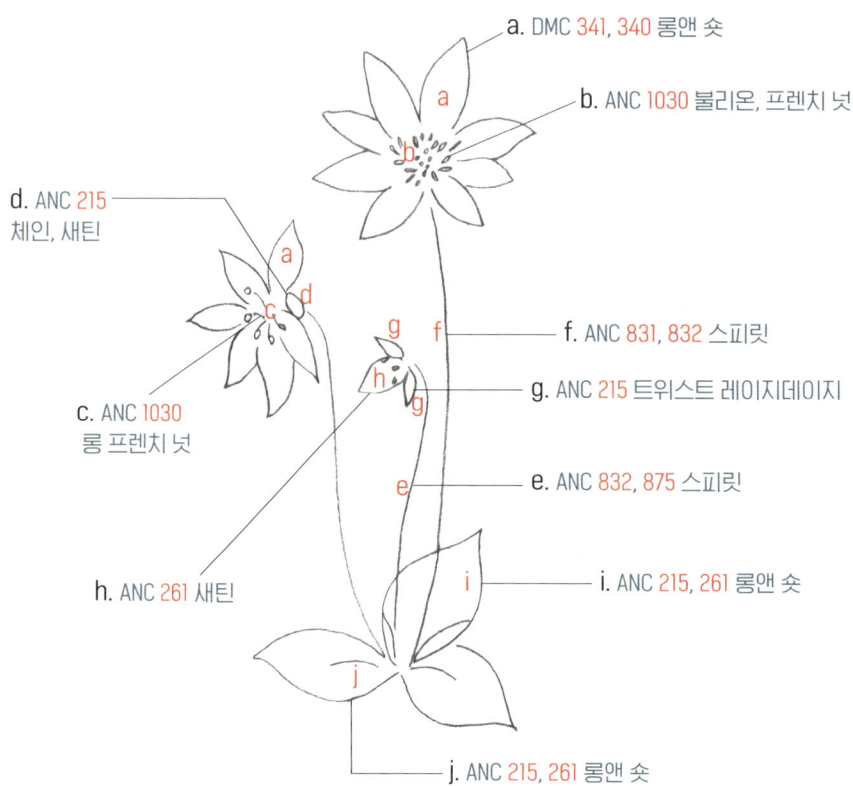

TIP

× 잎은 안쪽 잎맥을 먼저 수놓고 바깥쪽에서 안쪽을 향하여 잎을 수놓습니다.

× 꽃을 수놓을 때 바깥부터 안쪽 순으로 수놓습니다.

TIP

× 꽃 안쪽에 음영을 넣는 부분은 꽃잎 안쪽에서부터 바깥쪽으로 수놓습니다.

× 가운데 수술과 암술은 맨 마지막에 불리온 스티치와 롱 프렌치 넛 스티치, 프렌치 넛 스티치로 올려놓듯이 수놓습니다. 이때, 롱 프렌치 넛 스티치는 한 겹으로 수놓으면 더 예쁘게 표현됩니다.

125

#25
rose cushion

사용된 실과 기법 ANC 25번사

a = ANC 76 스파이더 웹 로즈 스티치
b = ANC 108 스파이더 웹 로즈 스티치
c = ANC 74 스파이더 웹 로즈 스티치
d = ANC 129 스파이더 웹 로즈 스티치
e = ANC 75 스파이더 웹 로즈 스티치
f = ANC 859 아웃라인 스티치, 레이지데이지 스티치
g = ANC 858 아웃라인 스티치, 레이지데이지 스티치
h = ANC 858 리프 스티치
i = ANC 859 리프 스티치

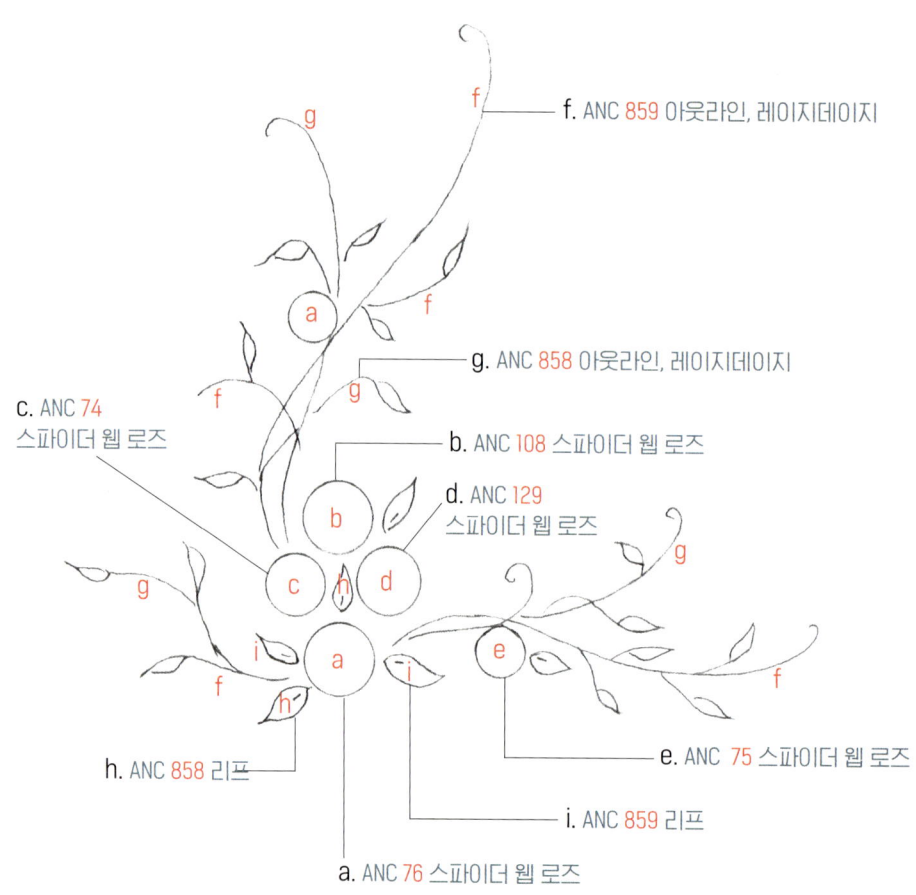

TIP

스파이더 웹 로즈 스티치로 큰 장미꽃을 만들 때는 원을 7등분으로 나누어 수놓는 것이 예쁜 꽃을 만드는 방법입니다.

HAND EMBROIDERY 26
연꽃 방석

#26
lotus cushion

사용된 실과 기법 ANC 25번사

a = ANC 87 롱앤 숏 스티치
b = ANC 86 롱앤 숏 스티치
c = ANC 85 롱앤 숏 스티치
d = ANC 66 롱앤 숏 스티치
e = ANC 60 롱앤 숏 스티치
f = ANC 49 롱앤 숏 스티치
g = ANC 876 아웃라인 스티치
g' = ANC 876 롱앤 숏 스티치
h = ANC 875 아웃라인 스티치
h' = ANC 875 롱앤 숏 스티치
i = ANC 875 롱앤 숏 스티치
j = ANC 876 레이지데이지 스티치
k = ANC 85, 86 롱앤 숏 스티치
l = ANC 49, 66 롱앤 숏 스티치
m = ANC 875, 876 프렌치 넛 스티치, 새틴 스티치

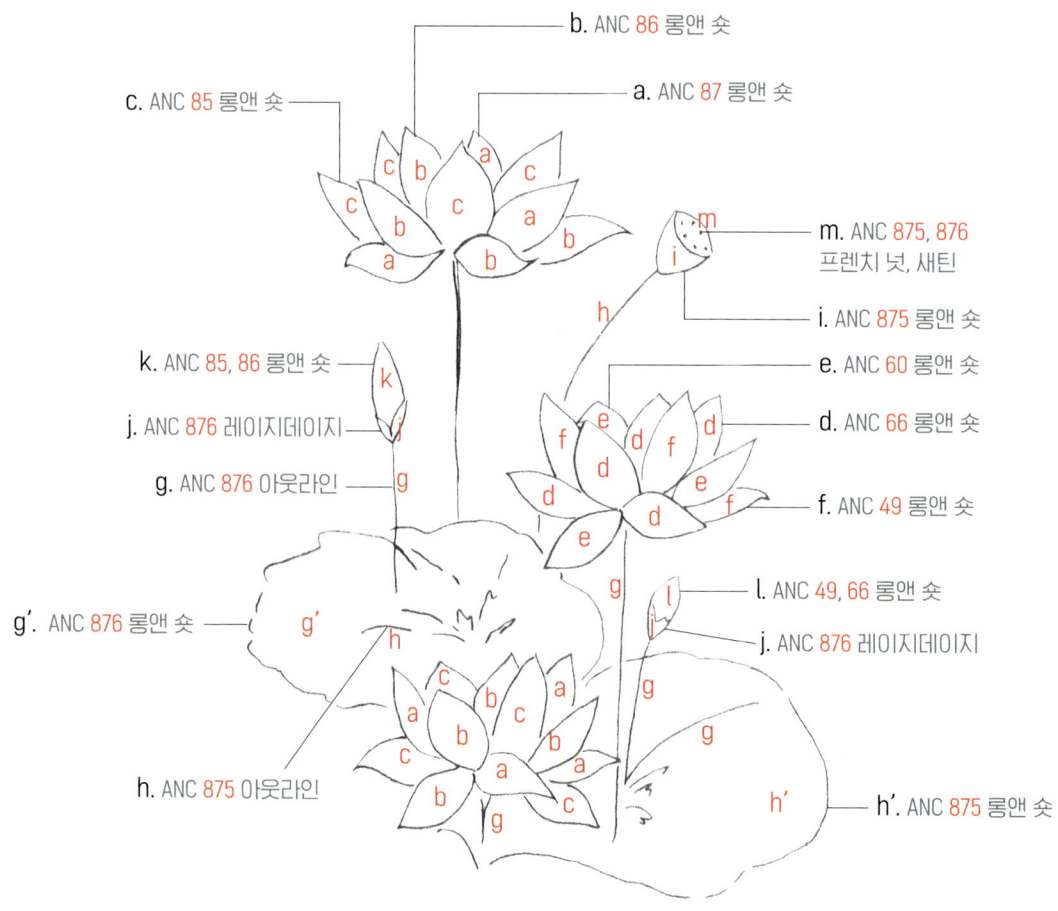

TIP

× 연꽃을 수놓을 때 꽃잎마다 각각 다른 방향을 향하도록 수놓습니다.

× 연잎은 안쪽 라인을 먼저 수놓고 연잎의 바깥쪽에서 안쪽을 향하여 수놓습니다. 이때, 전체 연잎의 면을 메워감에 있어서 중심을 향해서 균형 있게 잎이 만들어지도록 면을 미리 나누어 둡니다. 한쪽으로 쏠리지 않도록 나누어진 부분의 중심단락부터 좌우로 수놓습니다.

HAND EMBROIDERY 27
생명나무 수틀액자

#27
embroidery frame

사용된 실과 기법 Weeks Dye Works

a = 1131 레이지데이지 스티치

b = 1189 리프 스티치

c = 1189 레이지데이지 스티치, 아웃라인 스티치

d = 1198 아웃라인 스티치, 스트레이트 스티치

약간의 씨드비즈 (seed Beads)

TIP

비즈를 수놓을 때는 씨드비즈를 나란히 3~4개 혹은 2개씩 수놓습니다.

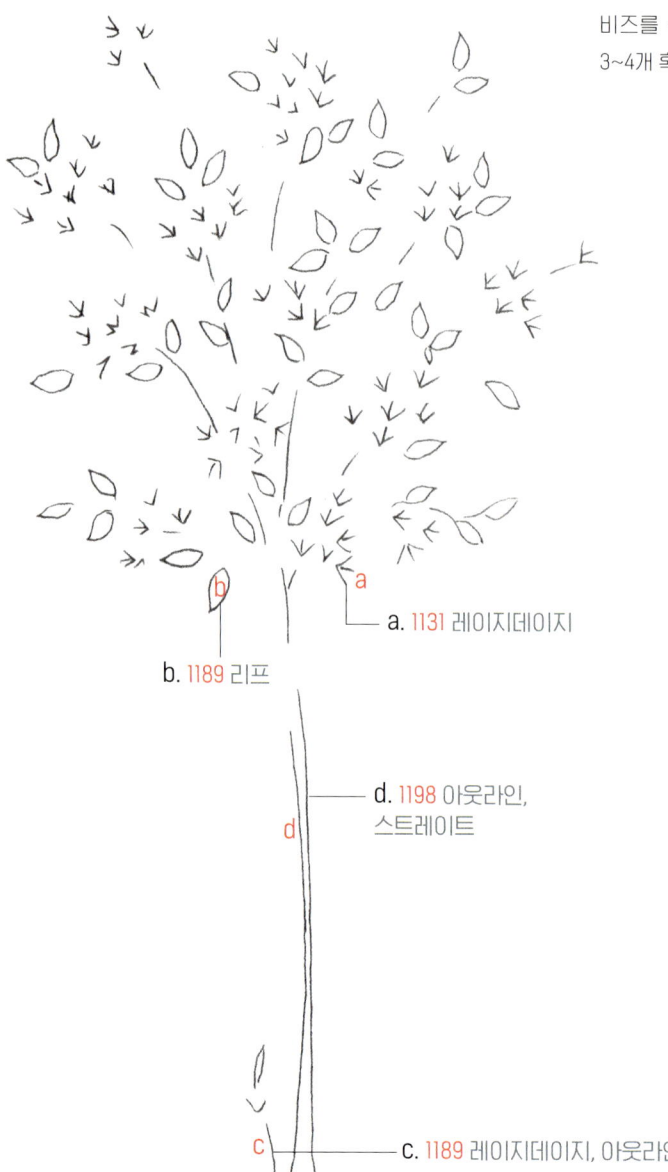

a. 1131 레이지데이지

b. 1189 리프

d. 1198 아웃라인, 스트레이트

c. 1189 레이지데이지, 아웃라인

HAND EMBROIDERY 28

장미덩굴 가방

#28
climbing rose bag

사용된 실과 기법 ANC 25번사, DMC 25번사

a = DMC 504 스파이더 웹 로즈 스티치
b = DMC 504 피쉬본 스티치
c = ANC 926, 387 아웃라인 스티치

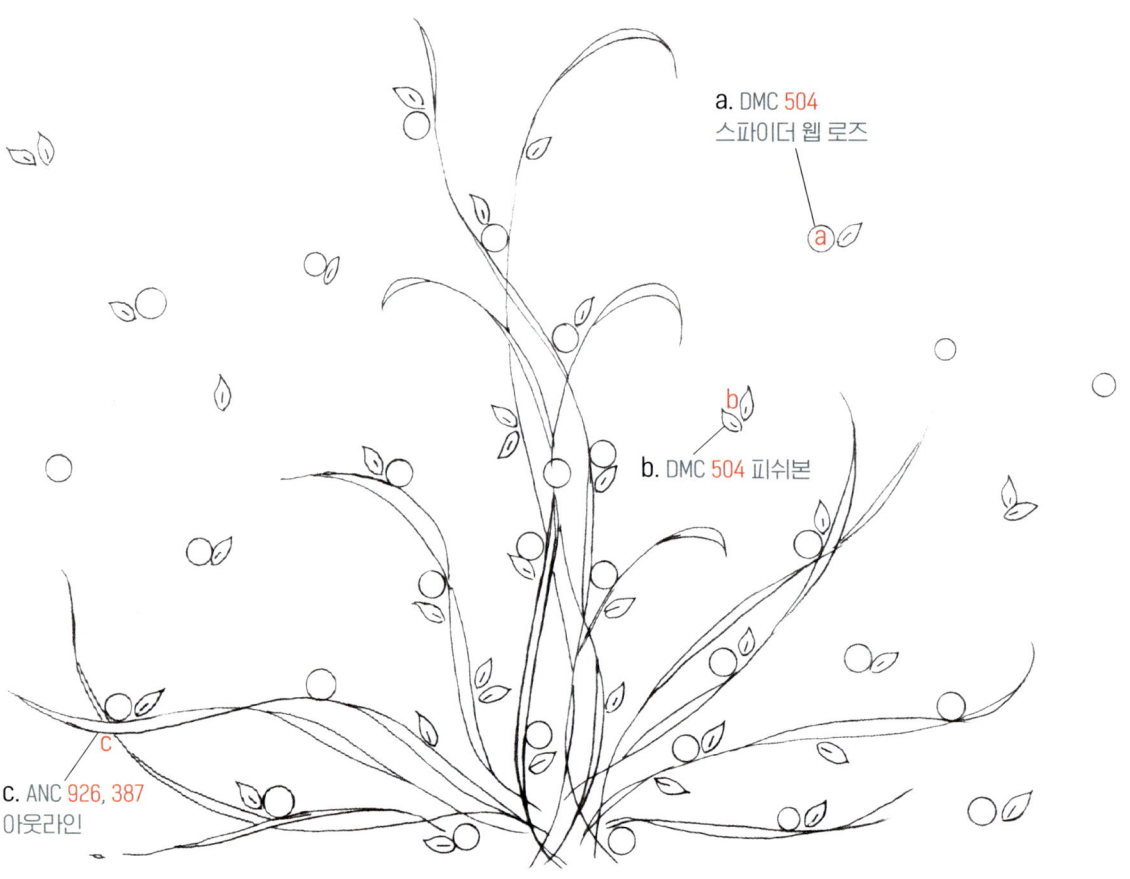

a. DMC 504 스파이더 웹 로즈

b. DMC 504 피쉬본

c. ANC 926, 387 아웃라인

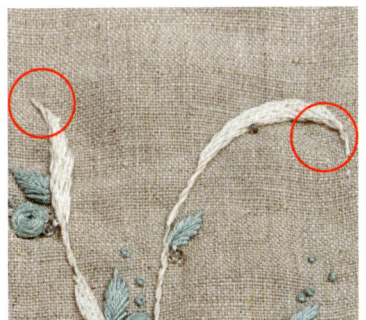

TIP
끝부분을 날렵하게 보이려면 한 줄로 표현 되도록 수놓습니다.

HAND EMBROIDERY 29

나무, 풀, 꽃 가방

#29
tree, grass, flower bag

사용된 실과 기법 ANC 5번사, DMC 5번사

a = DMC 931 우반 피콧 스티치
c = ANC 893 우반 피콧 스티치
e = DMC 3753 우반 피콧 스티치
b = DMC 932 버튼호울 스티치
d = ANC 893 버튼호울 스티치
f = DMC 932 버튼호울 스티치
g = DMC 317 새틴 스티치
g' = DMC 932 새틴 스티치
h = DMC 317 버튼호울 스티치
i = DMC 317 휨 더 러닝 스티치
i' = DMC 932 휨 더 러닝 스티치
i" = DMC 3753 휨 더 러닝 스티치
i'" = ANC 893 휨 더 러닝 스티치
j = DMC 317 팔레스트리나 넛 스티치
k = DMC 932 팔레스트리나 넛 스티치
l = DMC 3753 팔레스트리나 넛 스티치
m = DMC 932 롱앤 숏 스티치
m' = DMC 3753 롱앤 숏 스티치
m" = ANC 893 롱앤 숏 스티치
m'" = ANC 893 팔레스트리나 넛 스티치
n = DMC 317 새틴 스티치
o = DMC 932 새틴 스티치
p = ANC 893 새틴 스티치
q = DMC 932 팔레스트리나 넛 스티치
r = DMC 931 스파이더 웹 로즈 스티치
s = DMC 317 스파이더 웹 로즈 스티치

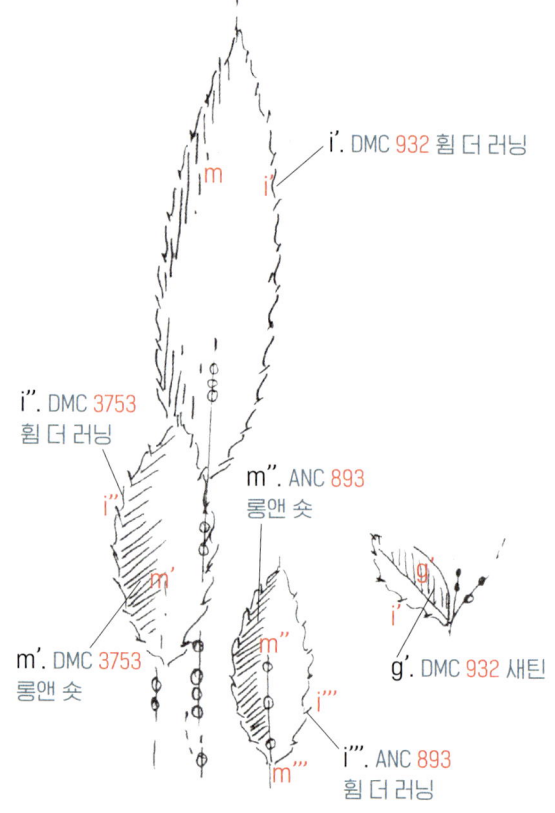

144

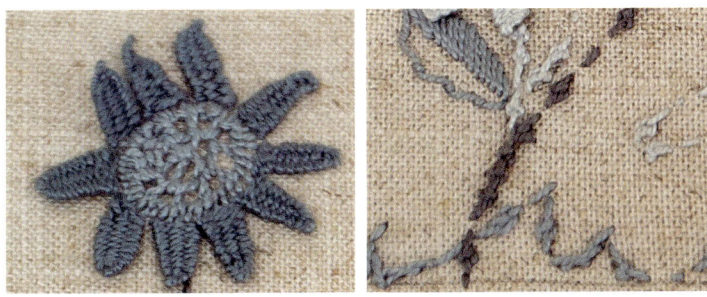

TIP

- 꽃은 우반 피콧 스티치 한 후에 안쪽을 스티치 하는 것이 더욱 깔끔하게 처리됩니다.
- 팔레스트리나 넛 스티치 할 때는 너무 단단히 잡아당기지 말고 적당히 당겨서 넛이 전체적으로 딱딱한 느낌의 선이 되지 않도록 수놓습니다.

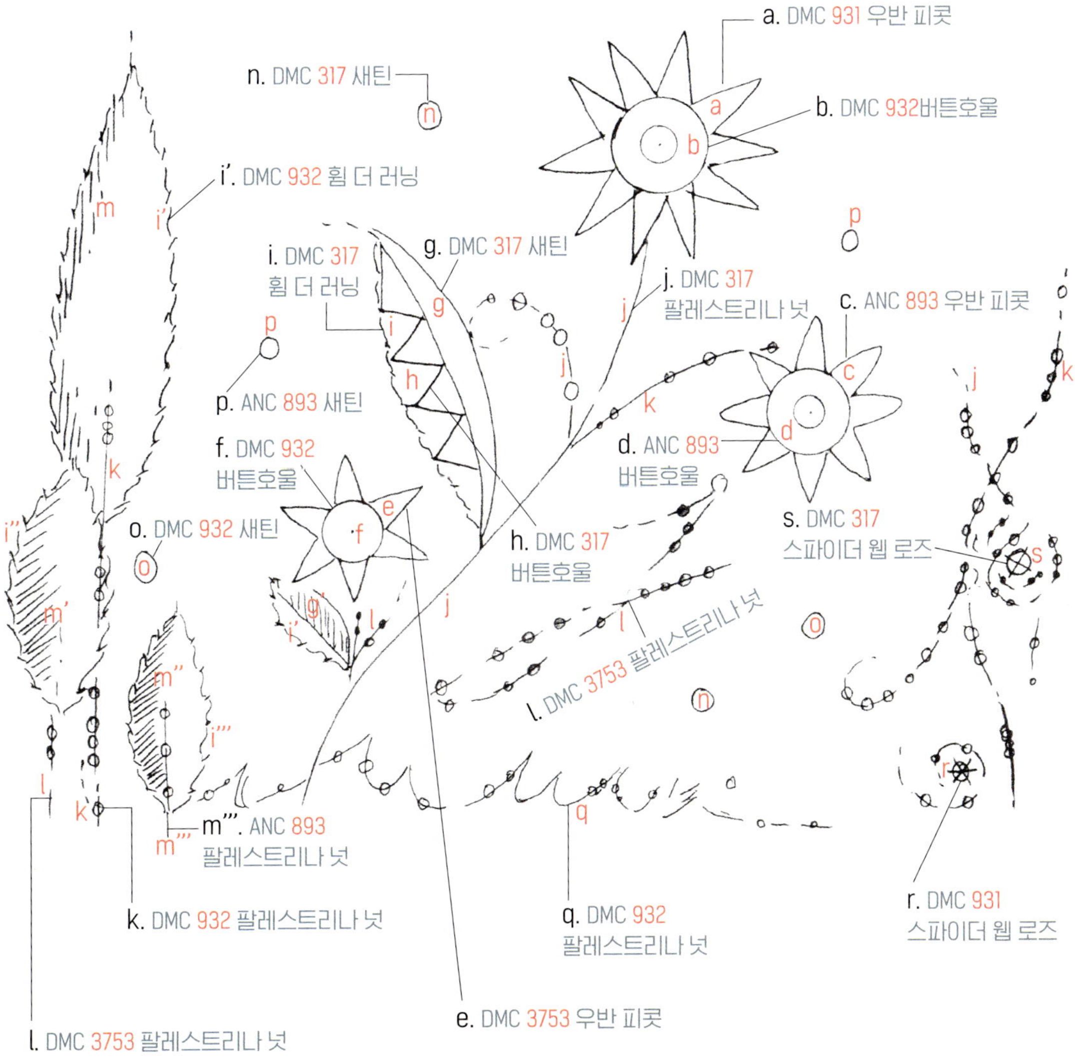

a. DMC 931 우반 피콧
b. DMC 932버튼호울
n. DMC 317 새틴
i'. DMC 932 휨 더 러닝
g. DMC 317 새틴
i. DMC 317 휨 더 러닝
j. DMC 317 팔레스트리나 넛
c. ANC 893 우반 피콧
p. ANC 893 새틴
d. ANC 893 버튼호울
f. DMC 932 버튼호울
o. DMC 932 새틴
h. DMC 317 버튼호울
s. DMC 317 스파이더 웹 로즈
l. DMC 3753 팔레스트리나 넛
m'''. ANC 893 팔레스트리나 넛
k. DMC 932 팔레스트리나 넛
q. DMC 932 팔레스트리나 넛
r. DMC 931 스파이더 웹 로즈
e. DMC 3753 우반 피콧
l. DMC 3753 팔레스트리나 넛

HAND EMBROIDERY 30
여름 마 가방

사용된 실과 기법 eco-ANDARIA

a = eco-ANDARIA 54, 68 프렌치 넛 스티치, 레이지데이지 스티치
b = eco-ANDARIA 54, 71 피쉬본 스티치, 프렌치 넛 스티치
c = eco-ANDARIA 61 아웃라인 스티치, 레이지데이지 스티치

TIP

ANDARIA 실은 잘 끊어지며 갈라지는 특성이 있으므로 너무 당기지 않고 수놓습니다. 가늘게 표현하고자 할 때는 실을 반으로 가르거나, 실을 꼬아서 가늘게 만들어 수놓으면 됩니다.

c. eco-ANDARIA 61
아웃라인, 레이지데이지

b. eco-ANDARIA 54,
71 피쉬본, 프렌치 넛

a. eco-ANDARIA 54,
68 프렌치 넛, 레이지데이지

HAND EMBROIDERY 31

꽃다발 가방

#31
Bouquet bag

사용된 실과 기법 ANDARIA, ANC 5번사, ANC 25번사, 은사리본

a = ANDARIA 159 롱앤 숏 스티치
a' = ANDARIA 159 프렌치 넛 스티치
b = ANDARIA 59 롱앤 숏 스티치
b' = ANDARIA 59 프렌치 넛 스티치
c = ANC 5번사 393 레이지데이지 스티치
c' = ANC 5번사 391 러닝 스티치
d = ANC 5번사 391 트위스트 레이지데이지 스티치
d' = ANC 5번사 393 트위스트 체인 스티치
e = ANC 5번사 1, ANC 25번사 1 카우칭 스티치
f = ANC 5번사 391 트위스트 레이지데이지 스티치
g = 은사리본
h = ANC 5번사 391, ANC 25번사 391 카우칭 스티치

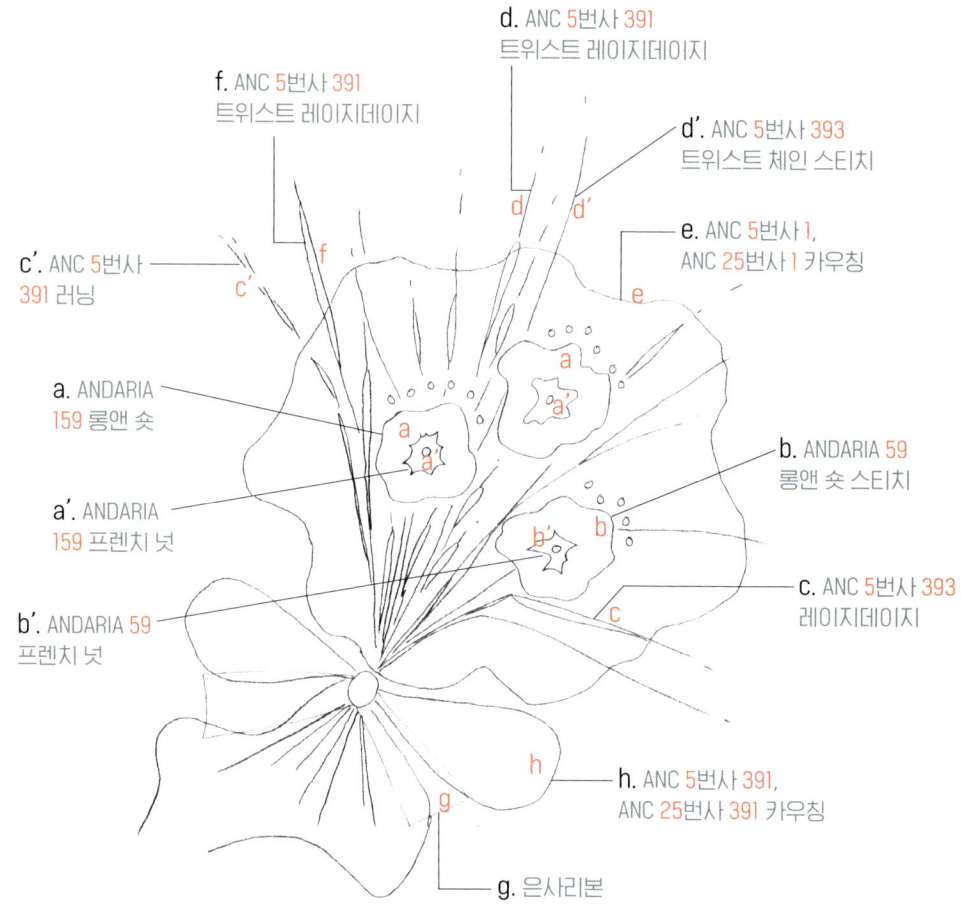

TIP
∧∧∧∧∧∧∧∧∧∧∧∧∧∧
흰 꽃다발 라인과 아래 리본을 카우칭 스티치 할 때 균등한 간격과 균등한 굵기를 유지하며 수놓습니다.

꽃다발 자수 리본 만들기
∧∧∧∧∧∧∧∧∧∧

01 02
03 04

01 × 먼저 꽃과 줄기를 수놓습니다.
02 × 꽃다발 라인 위에 실을 놓고 카우칭 스티치로 수놓습니다.
03 × 줄기 묶음 부분에 은색 리본을 러닝 스티치로 수놓은 다음 리본을 묶습니다.
04 × 리본 묶음을 가지런히 놓고 카우칭 스티치로 수놓습니다.

HAND EMBROIDERY 32

봄꽃 가방

#32
spring flowers bag

사용된 실과 기법 DMC 25번사

a = DMC 92 아웃라인 스티치
b = DMC BLANC 프렌치 넛 스티치
c = DMC BLANC 롱앤 숏 스티치
d = DMC 51 불리온 스티치
e = DMC 51 아웃라인 스티치, 새틴 스티치
f = DMC 3837 아웃라인 스티치, 새틴 스티치
g = DMC 51 레이지데이지 스티치, 버튼호울 스티치
h = DMC 48 롱앤 숏 스티치, 프렌치 넛 스티치
i = DMC 48 롱앤 숏 스티치, 프렌치 넛 스티치
j = DMC 702 리프 스티치
k = DMC 845 레이지데이지 스티치, 프렌치 넛 스티치
l = DMC 92 로프 스티치
m = DMC 51 더블 레이지데이지 스티치

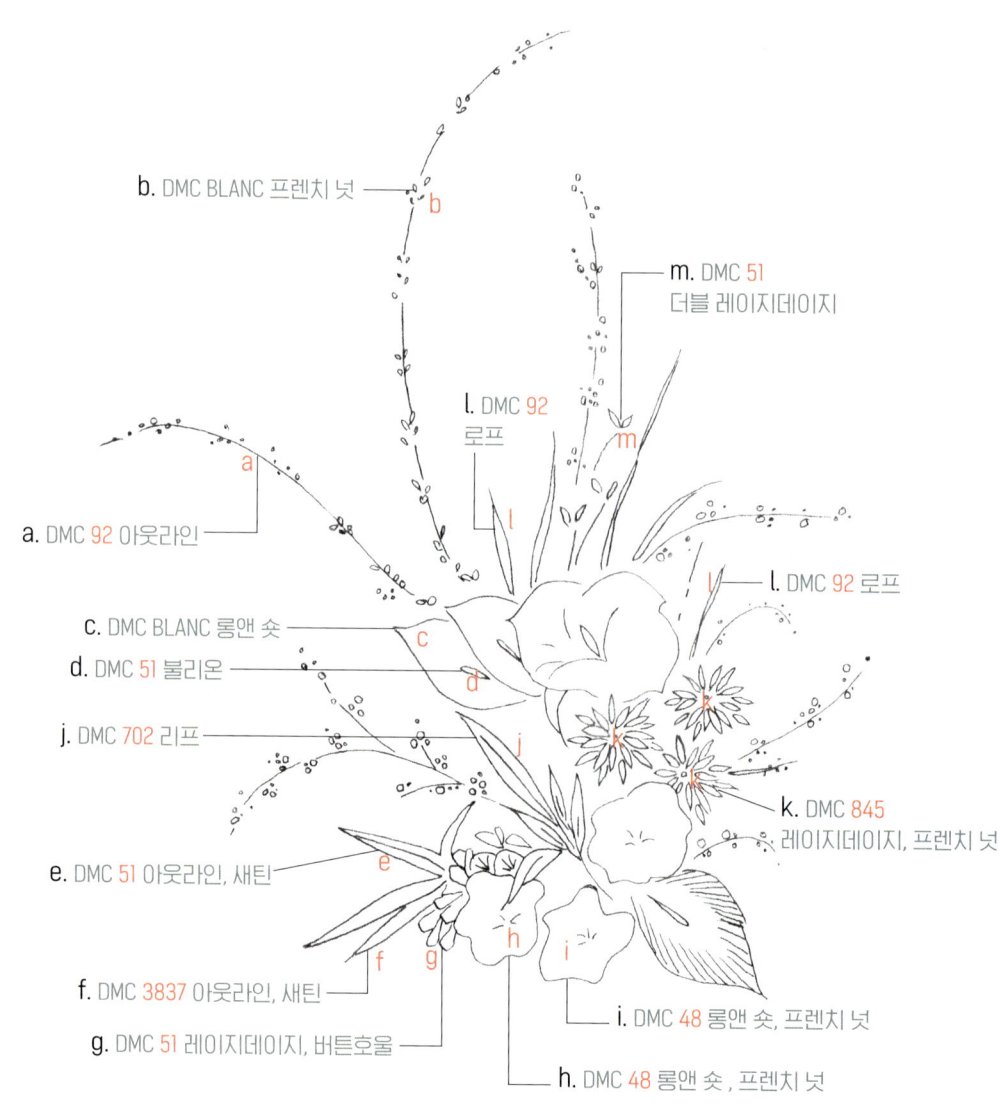

b. DMC BLANC 프렌치 넛
m. DMC 51 더블 레이지데이지
l. DMC 92 로프
a. DMC 92 아웃라인
l. DMC 92 로프
c. DMC BLANC 롱앤 숏
d. DMC 51 불리온
j. DMC 702 리프
k. DMC 845 레이지데이지, 프렌치 넛
e. DMC 51 아웃라인, 새틴
f. DMC 3837 아웃라인, 새틴
g. DMC 51 레이지데이지, 버튼호울
i. DMC 48 롱앤 숏, 프렌치 넛
h. DMC 48 롱앤 숏, 프렌치 넛

TIP

잔잔한 흰 꽃을 자연스럽게 표현하기 위해서 프렌치 넛 스티치로 넛 크기를 다양하게 만들며 수놓습니다. 넛 크기조절은 프렌치 넛 스티치를 할 때 실을 바늘에 감는 횟수로 크기를 조절할 수 있습니다.

HAND EMBROIDERY 33

수레국화 러너

#33
cornflower Runner

사용된 실과 기법 ANC 25번사, DMC 25번사

a = ANC 2, 48, DMC 899, 3326 레이지데이지 스티치, 스트레이트 스티치, 롱 프렌치 넛 스티치, 프렌치 넛 스티치

a' = ANC 2, 48, DMC 899, 3326 레이지데이지 스티치, 스트레이트 스티치, 롱 프렌치 넛 스티치, 프렌치 넛 스티치

b = DMC 3838, 809, 800 레이지데이지 스티치, 스트레이트 스티치, 롱 프렌치 넛 스티치, 프렌치 넛 스티치

c = ANC 886, DMC 522 아웃라인 스티치, 새틴 스티치, 러닝 스티치, 트위스트 체인 스티치, 레이지데이지 스티치

d = DMC 899, 3326, 776, ANC 858 아웃라인 스티치, 새틴 스티치, 스트레이트 스티치

e = ANC 261, DMC 522 아웃라인 스티치, 체인 스티치, 싱글피더 스티치

f = ANC 859 체인 스티치, 트위스트 체인 스티치

g = ANC 859 헤링본 스티치

h = ANC 858 트위스트 체인 스티치, 코럴 넛 스티치

i = ANC 859 마운트멜릭 스티치, 팔레스트리나 넛 스티치, 아웃라인 스티치, 러닝 스티치

j = ANC 858 크래스티드 체인 스티치, 러닝 스티치, 아웃라인 스티치

k = DMC 522 ANC 261 아웃라인 스티치

l = ANC 858 아웃라인 스티치, 크래스티드 체인 스티치, 러닝 스티치

m = DMC 800, 809 불리온 스티치, 프렌치 넛 스티치, 팔레스트리나 넛 스티치

n = DMC 522 아웃라인 스티치

TIP

꽃은 안쪽에서 바깥쪽으로 수놓습니다. 사방의 중심 되는 부분부터 수놓고 나머지 부분을 메워가며 수놓으면 꽃이 균형 있게 표현됩니다. 마지막에 꽃 중심을 자수합니다.

▽ 싱글피더 스티치

❶ 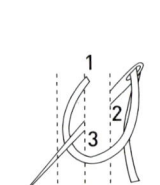   ❷ 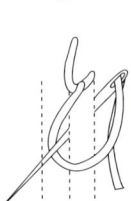   ❸

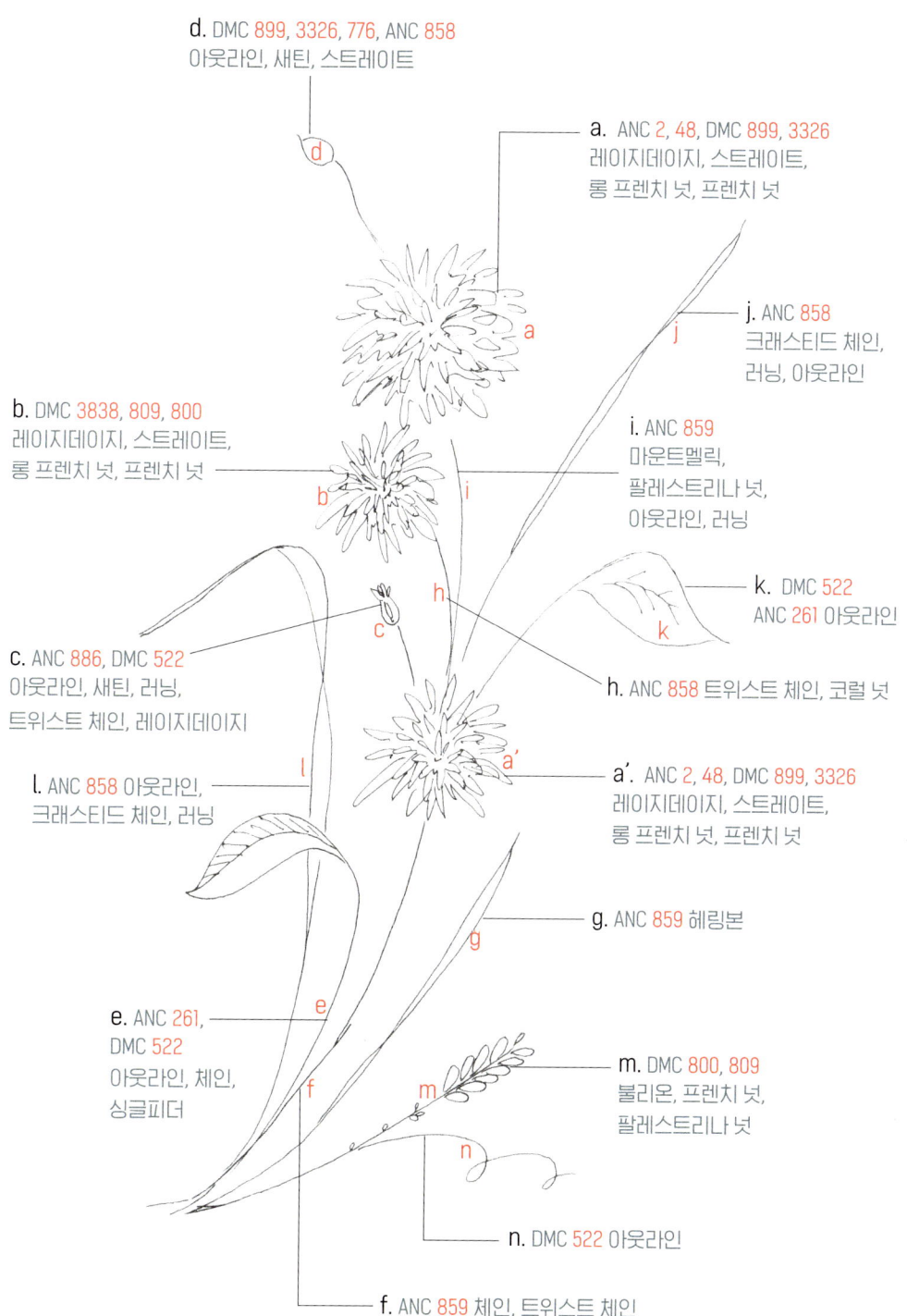

HAND EMBROIDERY 34
구절초 빅 쿠션

#34
Big Cushion

사용된 실과 기법 ANC 25번사, DMC 25번사

a = ANC 160 레이지데이지 스티치
b = ANC 1039 레이지데이지 스티치
c = ANC 9159 레이지데이지 스티치
d = ANC 169 레이지데이지 스티치
e = DMC 961 레이지데이지 스티치
f = DMC 962 레이지데이지 스티치
g = DMC 3026 (776) 레이지데이지 스티치

h = DMC 963 레이지데이지 스티치
i = ANC 110 레이지데이지 스티치
j = ANC 103 레이지데이지 스티치
k = ANC 342 레이지데이지 스티치
l = ANC 216 스트레이트 스티치
m = ANC 215 아웃라인 스티치
n = ANC 261 새틴 스티치

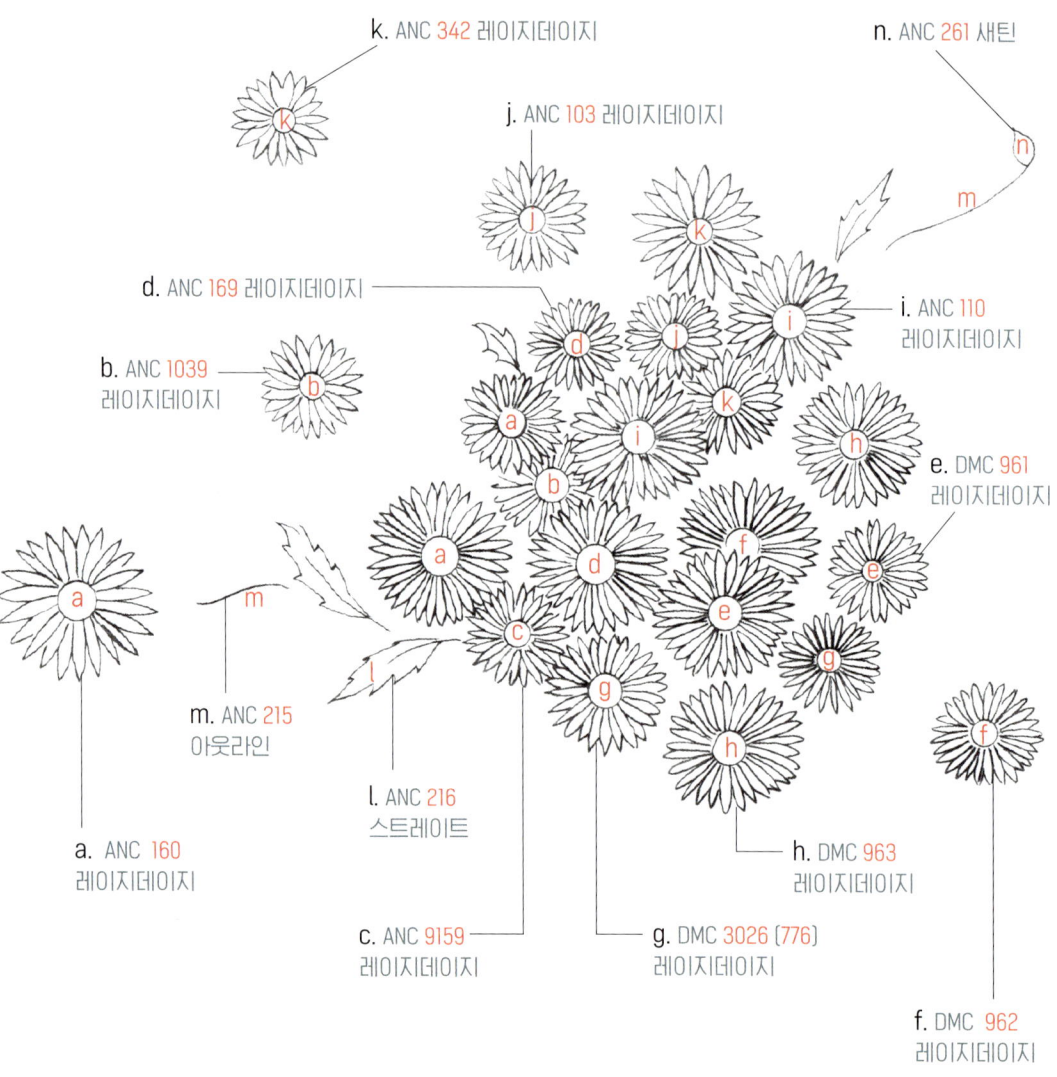

k. ANC 342 레이지데이지
n. ANC 261 새틴
j. ANC 103 레이지데이지
d. ANC 169 레이지데이지
b. ANC 1039 레이지데이지
i. ANC 110 레이지데이지
e. DMC 961 레이지데이지
m. ANC 215 아웃라인
a. ANC 160 레이지데이지
l. ANC 216 스트레이트
c. ANC 9159 레이지데이지
g. DMC 3026 (776) 레이지데이지
h. DMC 963 레이지데이지
f. DMC 962 레이지데이지

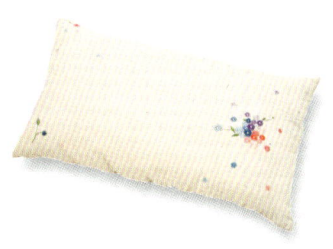

TIP

× 꽃이 겹쳐 가려진 듯이 보이는 부분을 먼저 수놓고 원형 모양의 꽃을 수놓으면 앞쪽의 꽃이 일그러지지 않아서 더 자연스럽게 표현이 됩니다.

× 방사형 꽃은 8등분 하여 중심을 잡아 먼저 수놓고 중심을 향해서 메워가는 식으로 수놓으면 꽃이 한쪽으로 쏠리지 않고 둥근 정방형으로 표현할 수 있습니다.

163